银行结构性竞争对县域经济发展的影响研究

王小腾　著

中国金融出版社

责任编辑：吕　楠
责任校对：孙　蕊
责任印制：丁淮宾

图书在版编目（CIP）数据

银行结构性竞争对县域经济发展的影响研究／王小腾著 . —北京：中国金融出版社，2022.11
　ISBN 978-7-5220-1821-8

　Ⅰ.①银…　Ⅱ.①王…　Ⅲ.①银行—市场竞争—影响—研究—县级经济—区域经济发展—研究—中国　Ⅳ.①F127②F832

　中国版本图书馆 CIP 数据核字（2022）第 207251 号

银行结构性竞争对县域经济发展的影响研究
YINHANG JIEGOUXING JINGZHENG DUI XIANYU JINGJI FAZHAN DE YINGXIANG YANJIU

出版
发行　**中国金融出版社**

社址　北京市丰台区益泽路 2 号
市场开发部　（010）66024766，63805472，63439533（传真）
网上书店　www.cfph.cn
　　　　　　（010）66024766，63372837（传真）
读者服务部　（010）66070833，62568380
邮编　100071
经销　新华书店
印刷　北京九州迅驰传媒文化有限公司
尺寸　169 毫米×239 毫米
印张　11.25
字数　201 千
版次　2022 年 11 月第 1 版
印次　2022 年 11 月第 1 次印刷
定价　89.00 元
ISBN 978-7-5220-1821-8
如出现印装错误本社负责调换　联系电话(010)63263947

前　言

新中国成立以来，受到历史以及社会等因素的影响，全国按照省、市、县、乡四级的行政区划体制进行分权管理。县域作为我国行政区划体系中连接城乡发展的基层单位，其经济已经得到长足发展，在2000—2018年，县域的名义GDP年均增长率为13.17%，高于同时期全国的名义GDP年均增长率，其增速较为明显。但是县域经济在发展过程中同样存在着诸多问题，例如，县域经济发展不平衡不充分、产业结构不合理、城镇化发展滞后以及缺乏特色产业等。财政大量投入与金融投资是促进农村地区经济发展的重要手段。众多学者也已经普遍认同金融部门在长期经济发展中的重要地位。为了满足中小企业、县域经济以及"三农"领域对金融服务的需求，促进县域经济发展，银保监会开始实行设立新型农村金融机构、放松县域的银行市场准入限制等措施，加快建设差异化与竞争化的县域银行体系。因此，本书从县域银行竞争的视角探讨县域经济发展问题，从而为我国的全面深化改革、乡村振兴以及精准脱贫攻坚等重大战略的实施提供重要参考证据。

本书将遵循"文献梳理—理论分析—变迁历程分析—现实情况与问题分析—实证检验—政策启示"的研究思路，系统地研究银行结构性竞争对县域经济发展的影响。首先，系统性地梳理既有的相关文献。其次，在界定银行结构性竞争内涵与分析县域银行结构性竞争格局形成逻辑的基础上，构建包含银行结构性竞争在内的经济增长数理模型，并提出本书相关的基本假设。再次，梳理了县域银行业结构的变迁历程，分析县域整体以及不同类型县域银行业结构的特征。最后，本书利用2004—

2016 年中国 28 个省市自治区（不包含北京市、天津市与上海市）中 1793 个县级行政区的面板数据，从资金流动、产业发展、经济规模增长以及经济发展质量提升四个角度衡量县域经济发展状况，采用多种估计技术考察银行结构性竞争能否促进县域经济发展以及这种影响效应的程度，判断其因果关系，检验作用机制，研究调节作用与异质性作用。

本书的研究结论表明，县域的银行结构性竞争程度在不断增强，但是这种增强幅度相对有限，并且县域之间的差异性较为明显。县域银行业主要集中于农村信用社、国有大型银行以及邮政储蓄银行，而股份制商业银行、城市商业银行以及村镇银行虽然布局县域的步伐较大，但是市场份额仍然偏低。本书从县域经济的资金流动、产业发展、经济规模增长以及经济发展质量提升四个方面出发，研究发现银行结构性竞争程度的增强有利于县域经济发展，这种促进作用在一系列稳健性检验下成立，并通过工具变量法明确了这种促进作用的因果关系。银行结构性竞争在微观层面上能够降低企业的交易成本以及提升信贷可得性，宏观层面上能够加速资本深化、促进产业结构升级、优化资本配置以及提升全要素生产率。农村信用社以及村镇银行占比更高的银行结构性竞争更加有利于县域经济发展。银行结构性竞争的作用在不同类型县域之中存在着明显的异质性。

本书研究得到的结论阐述了在县域经济发展中银行结构性竞争的作用。因此，在经济新常态的背景下，促进县域经济发展需要进一步深化金融供给侧改革以及实现差异化的路径，例如推动县域银行竞争结构的优化、构建充分发挥银行竞争作用的制度环境以及实现县域经济差异化的发展路径等。这些政策建议对县域经济进一步的发展具有深远的现实意义。

关键词：银行业结构，结构性竞争，县域经济，经济发展

目　录

第1章 导 论

1.1 研究背景与意义

1.1.1 研究背景

县域经济自秦朝置县以来就已经存在，至今已历经 2000 多年。新中国成立后，受到历史以及社会等因素的影响，为了更好地进行行政管理，我国将全国按照省、市、县、乡四级的行政区划体制进行分权管理。县域作为我国行政区划体系中连接城乡发展的基层单位，是直接落实各项国民经济发展政策的基本单元，其经济发展关乎我国的全面深化改革、乡村振兴以及精准脱贫攻坚等重大战略的现实效果。县域经济在国民经济中的重要地位不言而喻，已经成为省域经济乃至国家经济的基石。

党的十一届三中全会以后，党和国家的工作重心逐渐向经济建设转移，县域经济发展问题受到了广泛的关注。党的十六大首次提出了"壮大县域经济"的要求。"十二五规划纲要"提出要增强县域经济发展活力，主要通过扩大县域发展自主权、推动扩权强县的改革试点等政策措施，赋予县域经济发展的行政管理权限，能够有效地发挥县域的比较优势，推动形成县域分工合理的产业结构。"十三五规划纲要"提出要发展充满活力、特色化、专业化的县域经济，有效地承接城市功能转移与带动乡村发展，进一步释放推动县域经济发展的信号。党的十九大报告提出乡村振兴战略，将乡村这一县域基本组成单位的发展问题提升到国家战略的高度，对于县域经济发展具有重大战略意义。

在党中央以及各地方政府的重点关注之下，县域经济已经有了长足发展，县域的名义 GDP 从 2000 年的 5.08 万亿元增长到 2018 年的 47.15 万亿元，年均增长率为 13.17%，略高于同时期全国 12.96% 的名义 GDP 年均增长率，增速较为明显。但是根据 2018 年的《县域经济统计年鉴》可知，我国县域的行政区划总面积为 780.5 万平方公里，占全国国土面积的 81.3%，县域的总人口为 10.26 亿人，占全国总人口的 73.81%，但是县域 GDP 总量为 47.15 万亿元，仅占全国 GDP 总量的 52.37%（见表 1-1）。县域 GDP 占全国 GDP 的比重远远落后于人口和行政区划面积所占比重，经济发展仍然较为滞后。

表 1-1　2018 年全国、城市与县域的面积、人口以及 GDP

分类	面积（万平方公里）	人口（亿人）	GDP（万亿元）
全国	960	13.90	90.03
城市	179.50	3.74	42.88
县域	780.50	10.26	47.15

注：资料来源于 2018 年的《中国县域统计年鉴（县市卷）》与国家统计局。其中县域包含《中国县域统计年鉴（县市卷）》所有 2010 个县级行政区。

除了县域 GDP 占比过低，县域经济中还存在着诸多问题阻碍县域经济发展，例如县域经济发展不平衡、产业结构不合理、城镇化发展滞后以及缺乏特色产业等。根据 2018 年中国工信部所属赛迪研究院发布的《中国县域经济百强白皮书》，百强县中东部地区占据了 76 个，中部地区占 16 个，西部地区仅有 8 个，总体格局呈现"东多西少、强省强县"。从产业结构来看，根据 2018 年的《中国县域统计年鉴（县市卷）》，县域第一产业占比的均值为 17.25%，第三产业占比的均值为 41.32%，县域第一产业占比过高，而第三产业占比过低。从产业发展来看，县域经济更多的是依赖以农业、初级产品生产以及传统服务业为主的产业，县域之间的产业较为雷同，没有根据县域自身的资源禀赋与比较优势，发展小而精的特色产业（闫坤和鲍曙光，2018）。

随着县域经济重要性的不断加强，县域经济的相关研究逐渐受到学术界的关注。基于发展中国家的大量实践研究表明，财政大量投入与金融投资是促进农村地区经济发展的重要手段。众多学者也普遍认同金融部门在长期经济发展中的重要地位。根据 2018 年中国人民银行以及《中国县域统计年鉴（县市卷）》披露的数据来看，县域信贷余额为 36.2 万亿元，仅占全国信贷余额的 25.48%，县域金融支持严重不足。为了满足中小企业、县域经济以及"三农"领域对金融服务的需求，促进县域经济发展，银保监会开始实行设立新型农村金融机构、放松县域的银行市场准入限制等措施，加快建设具有差异化与特色化的县域银行体系。

中央推动县域银行体系改革的一系列政策，促使县域形成多元化与竞争性银行体系。近年来，县域的银行体系中城市商业银行、农村商业银行以及村镇银行快速发展。面对着县域银行体系内不同类型银行机构大量设立以及银行体系结构性竞争不断增强的现实，不由得引发思考，中央推动县域银行体系改革的一系列政策，客观上增强了县域银行体系的结构性竞争程度，这些政策措施引致的竞争程度增强是否能够对县域经济产生影响效果，而这种影响效果是怎样的？这种效果产生的内在机制是什么？何种类型的银行结构性竞争对县域经济产生的影响更大？如何进一步通过县域银行体系改革来促进县域经济发展？对于上述问题的回答是本书研究的核心内容。这一系列的研究将有利于政府进一步促进经济发展，同时在金融供给侧改革的背景下，对如何推动县域银行体系改革，有效地实现县域经济发展，具有重要的意义。

1.1.2 研究意义

县域经济发展问题关乎我国的全面深化改革、乡村振兴以及精准脱贫攻坚等重大战略的现实效果，更重要的是关系国民经济的发展潜力。鉴于此，本书试图从县域资金流动、工业发展、经济发展质量以及经济增长的角度分析银行结构性竞争对县域经济发展的影响效应，以此实现通过县域银行体系改革促进县域经济发展，此举具有理论意义与现实意义。

（1）理论意义。第一，本书从银行竞争的视角研究县域经济发展问题，有助于丰富金融发展、银行竞争等方面的研究成果。金融发展与经济增长的关系长期以来就是金融经济领域最为重要的研究命题之一。针对这一命题，国内外学术界展开了深入的研究，形成了金融结构理论、金融深化理论、金融约束理论等一系列丰硕成果。对于我国而言，其金融体系是以银行体系为主导的，银行业内部结构对经济发展作用的研究显得尤为重要。然而现有文献对银行竞争的研究集中在银行业自身的效率或者宏观层面的经济效率上，鲜有文献关注县域内银行竞争对经济发展的影响。随着中国银行业的不断深化改革，县域内银行体系的变迁与宏观层面的银行体系表现出的特征并不一致。因此，本书从县域内银行体系的视角研究县域经济发展问题，对于银行竞争理论相关研究的补充具有理论意义。

第二，当前研究主要从微观企业层面研究银行竞争的经济效应，但是并未得出一致的结论。尽管也有少部分文献从宏观经济增长的角度来研究，但是县域经济发展的内涵并非只有经济增长，同时应该包括多方面的内容。本书从县域资金流动、产业发展、经济发展质量以及经济增长四个方面研究县域经济发展问题。从宏观经济的角度研究银行竞争作用的相关文献，并未对二者之间的因果关系作出明确的判断。社会科学研究的一个重要任务就是因果识别，为了识别出真实的因果关系，本书通过寻找可行的工具变量，利用工具变量法对银行竞争与县域经济发展的因果关系进行推断，使结果更为可信。全书从县域经济的多个方面，试图利用工具变量法的因果推断分析方法，详细地考察银行结构性竞争对县域经济发展的影响，在一定程度上弥补了现有关于银行竞争研究文献中的缺陷。

（2）现实意义。随着我国经济的快速增长，县域经济同样有着长足的增长，但是县域经济中还存在着诸多问题，例如县域经济发展不平衡不充分、产业结构不合理、城镇化发展滞后以及缺乏特色产业等。县域经济的发展关乎多方面问题的解决之道。县域作为城乡之间的交汇与连接点，县域经济的发展有利于解决"三农"问题。县域经济是国民经济的基础单元，同时也是不可分割的一部分，城市经济作为技术创新以及产业结构升级的主要阵地，县域经济需要承担城市经济的生产功能，这样不仅有利于实现自身的增长，同时有助于培育我国国民经济的新增长极。县域经济发展关乎着全面建成小康社会的伟大目标。县域内集聚着我国近四分之三的人口，县域内的城镇人口与农村人口没有达到小康水平，就不算全面建成小康社会。如何促进县域经济发展是摆在科研工作者以及地方政府面前重要且紧迫的问题。

众所周知，金融部门在长期经济增长时的重要作用不言而喻。虽然近年来，资本市场的发展以及互联网金融等新型的金融业态高速增长，但是仍然无法改变中国以银行为主导的金融体系，特别是在县域范围内。县域内的金融支持更多的是以银行信贷的形式体现出来。本书从县域现阶段银行体系的变化趋势与现状以及县域经济的主要特征出发，评估当前县域银行体系改革的成效。同时，考察银行结构性竞争对县域经济发展的影响效应以及作用机制，有利于厘清促进县域经济发展的银行体系结构与竞争程度，为制定县域银行体系进一步的改革政策提供可靠依据，这对于转型时期深化金融供给侧改革以及县域经济发展具有重要的现实意义。

1.2 研究思路与方法

1.2.1 研究思路

本书的研究目的在于阐述中央与地方政府如何通过推动县域银行体系的结构性改革促进县域经济发展。针对这个目的的分析，首先需要从现实中出发，分析县域银行体系以及县域经济的现实情况，对银行结构性竞争在县域经济发展中的作用进行详细的分析与归纳，最终找到本书所要研究的核心问题，即从县域银行结构性竞争探讨如何促进县域经济发展，以及这种作用的内在机制。围绕本书的核心问题，可以将研究目标细分为：第一，从理论层面分析银行结构性竞争影响县域经济发展的内在机制，即从理论上阐述银行结构性竞争能够发挥出何种作用促进县域经济发展；第二，结合现实情况，对银行结构性竞争与县域经济发展之间的因果关系予以实证检验，即从实证上验证二者之间的因果关系是否存在以及具体的作用机理；第三，探讨如何推动县域银行体系的结构性改革才能够有效地促进县域经济发展，即促进县域经济发展的有效路径。本书对核心问题的探讨，旨在为金融供给侧改革以及县域经济发展提供理论依据与政策参考。

本书主要围绕上述具体目标开展研究，将会遵循"文献梳理—理论分析—变迁历程分析—现实情况与问题分析—实证检验—政策启示"的研究思路。本书首先引出核心问题的选题背景与意义，对既有的相关文献进行系统性梳理，在此基础上对现有文献进行评价，并从中发现现有文献中的不足之处，进而确定本书的核心问题与主要研究内容。其次在理论分析中，界定银行结构性竞争的内涵，分析县域内不同类型银行的经营行为，在此基础上构建包含银行结构性竞争的经济增长模型，并提出本书的假设。进一步梳理县域银行业体系的变迁历程，分析县域银行体系的市场结构与结构性竞争程度，并归纳出县域银行体系存在的问题。再次在实证检验中，从县域经济发展的多重视角出发，利用多种计量分析方法，实证检验银行结构性竞争对县域经济发展的影响，并探讨其作用机制、调节效应与异质性影响。最后在理论分析和实证检验的基础上，提出县域银行体系改革促进县域经济发展的政策建议，并提出本书的不足之处以及未来的研究方向。

1.2.2 研究方法

本书所使用的研究方法具体如下：

第一，归纳和演绎的分析方法。本书主要的目的在于研究银行结构性竞争与县域经济发展之间的相关关系，而对这一研究目的进行具体分析，需要根据现实出发，掌握县域银行结构性竞争与县域经济发展的具体情况。因此，本书首先通过归纳的分析方法掌握整体县域的银行业结构、县域经济的问题与特征以及不同类型银行的信贷行为特征等，并在归纳分析的基础上结合相关的理论基础进行抽象演绎，使得普遍存在的事实演化到理论层面，最终使本书的主要结论具有普遍性。

第二，统计与比较的分析方法。本书在整个研究分析的过程中，通过运用统计和比较的分析方法，表达出本书所研究问题的基本概括。例如，以统计的方式来分析中国银行业结构的变化趋势以及现状、县域银行业的结构以及竞争程度、县域资金外流问题、县域产业结构不合理问题以及县域经济增长等，同时针对这些统计分析进行不同类型县域之间的比较分析。本书利用历史发展数据真实地表述出县域经济发展中存在的问题以及这些问题的严重性，一方面深刻认识到已有问题，另一方面为本书的理论分析和实证研究留下了空间并提供了视角。

第三，理论与实证的分析方法。本书通过统计、比较分析与研究内容相关的变化趋势和现状之后，归纳出县域相关的基本特征，并且在相关理论以及文献梳理的基础上，对银行结构性竞争的作用机制进行理论分析。在后文的实证研究中，利用2004—2016年中国28个省、市、自治区（不包含北京市、天津市与上海市）中1793个县域的面板数据，用普通OLS回归以及系统GMM方法进行基准回归与稳健性检验，用工具变量法处理内生性问题进行因果关系识别，用中介效应模型揭示银行结构性竞争的作用机制，用调节效应模型分析何种类型银行更有利于县域经济发展以及银行结构性竞争的差异性影响效应。

1.3　研究内容与框架

1.3.1　研究内容

本书的研究内容是研究银行结构性竞争对县域经济发展的影响效应，从理论层面进行分析，从实证层面给予检验。基于此，本书将从资金流动、产业发展、经济数量增长以及经济发展质量提升四个角度衡量县域经济发展状况，探讨银行结构性竞争对县域经济发展的多方面影响，本书的研究共分为9章，各章具体内容如下：

第1章为导论。首先，从县域经济的现状、县域经济发展的必要性以及银行体系改革在金融供给侧改革中的作用三个方面介绍本书选题的背景，并在此基础上阐述研究的理论意义与现实意义；其次，根据本书的主要研究目标，阐述本书的研究思路，介绍的研究内容；再次，根据本书的研究思路与研究内容，构建研究框架，明确研究方法；最后，指出本书的创新之处。

第2章为文献综述。本章通过对既有相关文献进行梳理的方式把握当前研究的动态与前沿，为后文的理论分析与实证研究提供可行的研究方向。本章主要围绕三个方面进行展开：首先是金融发展与经济增长的相关文献，梳理了金融发展与经济增长的主要研究成果；其次是银行结构性竞争与经济发展的相关文献，以"银行竞争"为切入点，结合经济发展中的宏观与微观两个层面进行文献梳理；最后是县域经济发展特征的相关研究文献，梳理县域经济的特点。本章对现有相关文献进行回顾与整理，旨在为本书的研究留出空间，并提供可行的研究思路。

第3章为银行结构性竞争对县域经济发展影响的理论分析。首先，本章界定了银行结构性竞争的内涵，并分析县域内不同类型银行的经营行为；其次，从金融分权的角度分析县域银行结构性竞争格局形成的理论逻辑；再次，构建包含银行竞争的宏观经济增长数理模型；最后，结合市场力量假说，提出本书关于银行结构性竞争影响县域经济发展的基本假设，从而为后文的实证检验奠定理论基础。

第4章为县域银行结构性竞争的变迁、测算及特征分析。首先，回顾了县域银行业结构的变迁历程；其次，在分析了不同银行结构性竞争度量指标的优势与劣势的基础上，结合本书的研究目的与数据结构，选取结构法中的 HHI 指数与 CR3 指数进行衡量银行结构性竞争程度；最后，从银行营业网点数量、分布结构以及结构性竞争程度三个方面，分析县域整体以及不同类型县域的银行业结构的变动趋势与现状。

第 5 章为银行结构性竞争与县域资金外流，即从资金流动的视角，考察县域银行结构性竞争的作用。本章的主要目的在于探讨与解析如下问题：第一，现实中县域银行结构性竞争程度的增强是否能够有效地抑制县域资金外流；第二，不同类型银行对县域资金外流的作用是否相同，哪种类型的银行能够有效抑制县域资金外流；第三，县域银行结构性竞争对资金外流的作用是否存在着区域的异质性。

第 6 章为银行结构性竞争与县域产业发展，即从产业发展的视角，考察县域银行结构性竞争的作用。本章的主要目的在于探讨与解析如下问题：第一，现实中县域银行结构性竞争程度的增强是否能够有效地促进产业发展；第二，县域银行结构性竞争的增强通过何种渠道影响产业发展；第三，在银行结构性竞争程度相同的情况下，何种类型对县域产业发展的影响更大；第四，县域银行结构性竞争对产业发展的作用是否存在着区域的异质性。

第 7 章为银行结构性竞争与县域经济数量增长，即从经济数量增长的视角，考察县域银行结构性竞争的作用。本章的主要目的在于探讨与解析如下问题：第一，现实中县域银行结构性竞争程度的增强是否能够有效地促进县域经济增长；第二，县域银行结构性竞争的增强通过何种渠道影响经济增长；第三，在银行结构性竞争程度相同的情况下，何种类型银行对县域经济增长的影响更大；第四，县域银行结构性竞争对经济增长的作用是否存在着区域的异质性。

第 8 章为银行结构性竞争与县域经济发展质量提升，即从经济发展质量提升的视角，考察县域银行结构性竞争的作用。本章的主要目的在于探讨与解析如下问题：第一，现实中县域银行结构性竞争程度的增强是否能够有效地促进县域经济发展质量；第二，县域银行结构性竞争的增强通过何种渠道影响经济发展质量；第三，在银行结构性竞争程度相同的情况下，何种类型银行对县域经济发展质量的影响更大；第四，县域银行结构性竞争对经济发展质量的作用是否存在着区域的异质性。

第 9 章为主要结论与政策建议。本章将对全书的研究内容进行总结，统一呈现出本书得出的所有结论，并且基于实证检验的结果提出相应的政策建议。同时，本章也会对全书研究中存在的不足之处进行说明，对未来研究内容与方向进行了展望。

1.3.2 研究框架

通过整理上述的研究思路和研究内容，结合既有相关文献，制定出本书的研究框架，具体如图 1-1 所示。

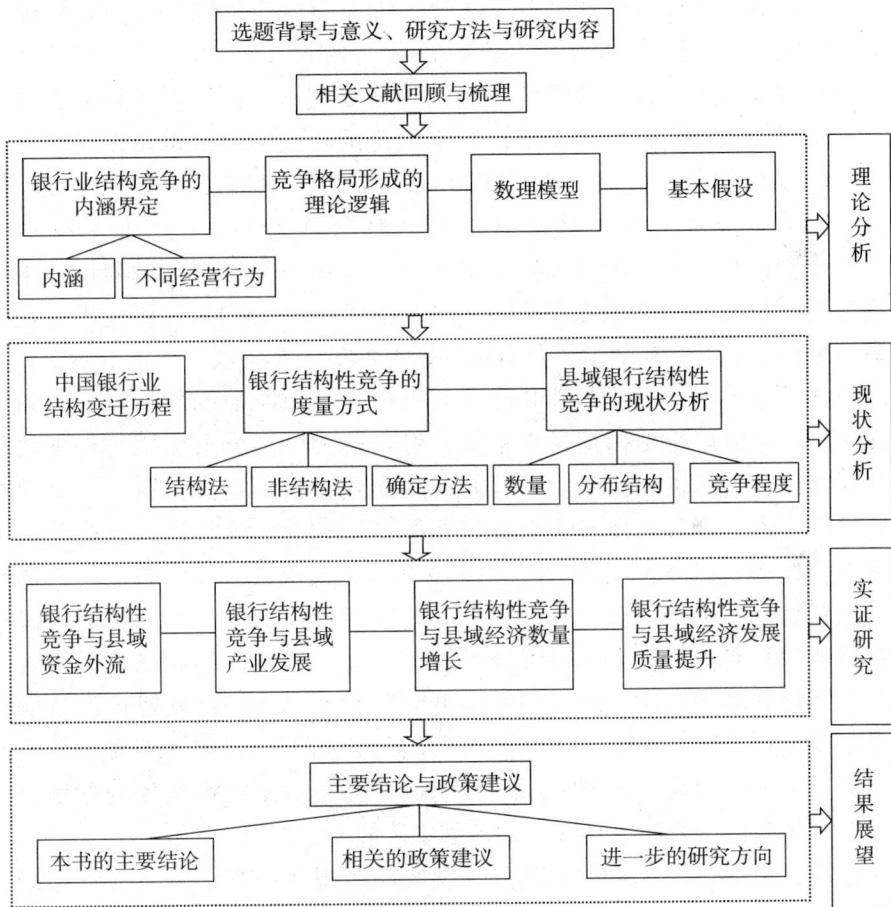

图 1-1 本书的研究框架

1.4 本书的创新之处

本书在深化金融供给侧改革和壮大县域经济的背景下，结合中国银行体系调整与县域经济发展的变化态势，对银行机构性竞争影响县域经济发展的效应进行了系统性的研究，本书的创新之处主要体现在以下几个方面：

第一，本书以银行竞争理论为基础，研究银行结构性竞争对县域经济发展的影响效应，重点关注了因果关系，发现银行结构性竞争，特别是农信社与村镇银行占比较高的银行结构性竞争更能促进县域经济发展，这一研究丰富了金融发展，尤其是银行竞争理论的相关研究成果。以往的研究主要检验银行竞争与经济后果之间的相关关系，具有很强的内生性，例如，银行竞争程度的增强会缓解企业的融资约束，提升企业的投资水平，企业投资的增多将吸引银行的进入，进一步提高银行竞争程度。本书利用邻近县与 GDP 规模接近县的加权平均值作为工具变量，研究银行竞争对县域经济发展的影响效应，是对以往研究的进一步拓展。

第二，本书根据不同类型银行分支机构在县域层面的数量特征，利用结构法进行构造银行结构性竞争指数，对当前关于县域层面银行竞争效应的研究作出一点纠正与贡献。既有的文献衡量银行结构性竞争更多集中在省级层面，也有部分利用城市层面进行构造。首先，这种构造方式默认了企业与个体法人在全省或者全市能够自由借贷的假设，与中国信贷市场地域分割的特征不相符，企业很难从其他地区同一银行或者不同类型的银行获取贷款。其次，由于县域银行体系改革的相关政策，例如银行准入管制放松以及设立新型农村金融机构等，更大限度地引起了县域银行市场结构与竞争程度的变化，在服务县域经济发展的目标上，利用省级或城市层面构造，容易产生偏误。本书利用县域层面研究银行结构性竞争的作用，对县域金融体系供给侧改革具有一定的借鉴价值。

第三，本书结合县域的微观企业与宏观经济两个层面，综合研究银行结构性竞争对经济发展的影响效应与内在机制，发现在微观层面上能够降低企业的交易成本以及信贷可得性，在宏观层面上能够加速资本深化、促进产业结构升级、优化资本配置以及提升全要素生产率，进一步丰富了银行竞争与经济效应之间的内在机制与有关渠道的相关研究。既有文献大多从微观企业层面研究银行结构性竞争的经济效应，然而这种经济效应不应仅体现在微观企业层面上，更应体现在能否促进宏观经济发展上。宏观经济的变化是微观企业行为的加总，这种企业行为应该与宏观经济的变化方向保持一致，但是从这些微观层面上，银行竞争的经济效应却并没有得到一致性的证据支持。也有文献从宏观层面研究银行竞争的作用，但都是从经济增长的角度出发的，众所周知，经济增长仅仅是经济发展的一个方面。鉴于此，本书对县域经济微观与宏观层面的多方面进行有机统一，无疑也为县域经济发展的相关研究提供了一定的经验借鉴。

第 2 章　文献综述

自 20 世纪 90 年代以来，银行竞争的研究不断深入，现已成为金融领域的一个重要研究方向。本书研究银行结构性竞争对县域经济发展影响的主旨在于揭示中国县域内金融体系与经济体系协调发展的相关路径。梳理既有的金融体系与经济发展的相关研究成果，对把握当前金融供给侧改革以及促进县域经济发展是十分关键的。本章着重对国内外的相关研究成果进行梳理，探求更为深入的研究空间，为后续章节的研究提供理论基础与经验参考。

2.1　金融发展与经济增长的相关研究

金融体系作为现代经济体系的核心，对经济增长的重要作用不言而喻。研究金融与经济的相关关系一直是经济学界的重要议题之一。因此，本文有必要着重梳理金融发展与经济增长的相关研究成果，为后文的研究提供文献参考与研究空间。在众多研究中，金融发展促进经济增长的观点在既有关于二者关系的研究中得到了较多支持，尽管如此，依旧有部分研究并未支持这一观点，主要包括金融促进论、非线性关系论、金融从属论及双向因果关系论。

2.1.1　金融促进论

金融发展与经济增长的理论研究最早可以追溯到 Schumpeter (1911)，他强调实现经济增长需要推动经济结构的变革，在这过程中依赖于企业实现创造性破坏，而金融发展能够为企业的创新项目提供融资支持，从而达到实现经济增长的目的。Mckinnon (1973) 和 Shaw (1973) 分别提出了货币替代观点与债务中介观点，认为发达的金融体系能够通过吸收存款与发放贷款的形式促进投资，进而促进经济增长。Pagano (1993) 提出包含金融发展在内的 AK 模型，强调了金融发展在长期经济增长的重要作用，稳态经济增长率可以表示为：

$$g = \frac{K_{t+1} - K_t}{K_t} = \frac{I_t + (1 - \theta)K_t - K_t}{K_t} = \frac{\theta S_t}{K_t} - \delta = A\theta s_t - \delta \qquad (2-1)$$

其中，K 为资本，是唯一的生产要素；δ 是资本折旧率，劳动力保持不变；θ 是储蓄中用于投资的比例。因此，在资本折旧率保持不变的情况下，金融发展促进经济增长的途径有三个，分别为提高储蓄率、储蓄投资转化率以及资本的边际生产率。Levine（1997）认为金融体系主要有改善风险、资源配置、动员储蓄、促进交易、收集信息等相关功能，这些功能是金融发展促进经济增长的基础。随着数学方法引入经济学研究中，大量学者通过跨地区、跨年的数据进行实证检验金融发展对经济增长的促进作用以及作用机制，大致可包括以下几个方面：

（1）资本累积效应。Greenwood 和 Smith（1997）研究发现，良好的金融体系能够将社会的闲散资金进行汇集，并通过贷款的方式向企业投资，同时能够提高存贷款比例加速资本累积，从而有效地解决企业投资的流动性问题，进而促进经济增长。Rajan 和 Zingales（2000）通过 55 个国家的数据实证研究发现，金融市场更为发达的国家，需要外部融资的工业部门的增长速度更高，这表明金融发展能够降低外部融资成本与促进企业投资，进而促进经济增长。Levine（2004）通过实证发现，更完善的金融体系缓解了企业面临的外部融资约束，这是金融发展促进经济增长的一种影响机制。李连发和辛晓岱（2009）利用 33 个国家的非上市企业数据进行研究发现，企业越是依赖于外源融资，金融发展越能够促进企业成长。

（2）创新升级效应。Morales（2003）将资本要素与技术创新纳入内生增长模型之中，发现金融发展水平的提高能够有效降低创新活动中的道德风险问题，进而促进企业的技术创新水平，从而推动经济增长。Benfratello 等（2008）利用意大利微观企业的创新数据，研究当地金融发展对企业创新活动的影响，发现金融发展能够提高企业工艺创新的概率，尤其是高科技行业、更依赖外源融资的以及中小规模的企业。李晓龙等（2017）采用中国 1999—2013 年的省级面板数据，发现金融发展水平的提高过程中，金融规模扩大、金融结构改善以及金融效率的提升均有利于提高地区创新水平。谈儒勇和丁桂菊（2007）发现，由于不同行业的特征不同，金融发展的作用也不尽相同。技术密集程度较高的行业更加依赖于外源融资，相较于银行信贷而言，股票市场更加有助于促进这类行业的技术创新。Brown 等（2013）与 Hsu 等（2014）分别利用 32 个跨地区 5300 个企业 1990—2007

年的数据和 32 个跨国企业数据进行研究，都发现股票市场越发达，依赖于外源融资的技术创新水平越高。

（3）资源配置优化效应。Beck 和 Levine（2000）、Almeida 和 Wolfenzon（2005）研究发现，金融市场的良好发展使市场中的"价格信号"机制更加完善，价格的信息含量较高，能够降低交易成本、便利金融套利活动，使得股票估值更接近真实价值，有利于金融资源配置效率的提高。但是早期国内的学者，如韩立岩与蔡红艳（2002）、潘文卿和张伟（2003）都发现中国金融资源配置效率呈上升趋势，但是波动性较大，金融发展与金融资源配置效率之间的相关性较弱，金融市场的发展并未能够促进金融资源配置效率的提升，这主要是由于早期中国金融市场发展较为缓慢，而国内金融资源是由国有金融机构配置的。王永剑和刘春杰（2011）、雷日辉等（2015）发现，2008 年国际金融危机后，金融市场改革的步伐加快了，金融市场发展对金融资源配置效率的正向促进作用已然开始显现，但是这种促进作用显示出了区域的差异性，在东部与中部地区表现出显著的促进作用，而在西部地区并不显著。

（4）经济稳定效应。Denizer 等（2000）利用 70 个国家 43 年的面板数据考察金融发展对宏观经济稳定的影响，发现银行在向私人部门提供信贷过程中会进行风险管理和信息处理，这种对应方式能够有效地减少投资波动，从而有利于抑制经济波动、提高经济稳定性。Darrat 等（2005）利用阿拉伯联合酋长国的数据，采用误差修正模型（ECM）研究金融发展与宏观经济周期的相关关系，发现金融发展水平的提升在长期内能够显著抑制周期性经济波动。王宇鹏和赵庆明（2015）以 214 个国家 1961—2012 年的宏观经济数据作为样本，从信贷、资本和衍生品三个市场分析金融发展对消费、投资和 GDP 增长速度波动率的作用，结果发现金融发展水平越高，宏观经济变量的波动率越低。Wang 等（2018）构建了一个包含私人信贷与债务的异质性代理人模型，发现金融发展能够创造更为宽松的借贷约束，促进信贷资源的有效配置，进而降低非金融冲击（例如，政府支出冲击、优惠冲击等）对投资与总产出的影响，从而达到稳定宏观经济的目的。Imbs（2007）证明了宏观经济波动的加剧会抑制长期经济增长，这是由于经济的波动使未来经济增长出现不确定性，给经济预期以及宏观调控带来了难度，政府实施的财政政策与货币政策的效果将会大打折扣。降低宏观经济波动、提升经济稳定性，有助于实现长期经济增长。

2.1.2　非线性关系论

Rajan（2005）研究发现，金融发展会使金融部门的规模扩大以及风险偏好变化，导致经济更容易受到金融部门风险的影响，从而抑制经济增长。Aghion 等（2005）通过在跨国的熊彼特增长模型中引入不完全的债权人保护，发现金融发展与经济增长的关系并非是线性的促进关系，当金融发展水平超过一定的临界值时，金融发展会显著地抑制经济增长。Law 和 Singh（2014）利用 87 个发达经济体与新兴经济体 1980—2010 年的跨国面板数据，运用动态面板门限回归模型进行实证研究，发现金融与经济增长之间存在着门槛效应，当金融发展水平达到某一水平时，金融发展才会促进经济增长，而进一步发展超过某一临界值时，金融发展反而不利于经济增长。Arcand 等（2015）利用不同的实证方法探讨金融发展是否存在一个临界值，使金融发展产生"消失效应"，结果发现当私人信贷规模与 GDP 的比值超过 1 时，金融发展的促进作用消失了，转为抑制经济增长。

不仅国外的学者大量探讨金融与经济的非线性关系，国内学者也同样进行了大量研究。赵振全等（2007）、杨俊和刘珺（2008）证实了这种非线性关系，但是他们都认为主要是金融部门中的股票市场发展水平的差异性导致了这种非线性关系的存在。黄智淋和董志勇（2013）研究发现通货膨胀率是金融发展对经济增长产生非线性作用的主要原因，当通货膨胀率小于 5.05% 时，二者之间是正相关关系，当通货膨胀率大于 5.05% 时，二者是负相关关系。李健等（2018）利用中国 30 个省 18 年的面板数据研究发现，金融发展对经济增长产生何种作用取决于金融与实体部门之间增长速度的差异性，金融部门增长速度与实体部门增长速度的差值 24.34% 是临界值，当二者差值小于 24.34% 时，金融发展对经济增长产生促进作用，而二者差值超过 24.34% 时，金融发展将产生显著的抑制作用。

2.1.3　金融从属论

有一部分研究认为金融发展并不一定是经济增长的影响因素，相反，金融发展是经济增长带来的结果。Stern（1989）认为经济的快速增长，使家庭与企业对资金的需求不断增加，从而促使金融机构与产品的大量产生，金融规模得以扩张，同时规模扩张要求成本控制与风险分散，进而促进了金融体系不断地发展，因此，他认为金融发展是经济增长推动的。

随后的实证研究从不同的角度，例如，方法选择、样本选取以及变量设置等，检验金融发展是否是被动适应经济增长的。Zang 和 Kim（2007）利用面板数据进行 Sims-Geweke 因果检验，发现没有证据显示金融发展对经济增长存在单向的因果关系，反而经济的高速增长导致金融中介与金融市场的产生与快速发展。Bangake 和 Eggoh（2011）使用 71 个发达和发展中国家在1960—2004 年的宏观经济数据，重新检验了金融与经济增长之间的因果关系，经过跨国对比发现，这种因果关系会由于收入差别存在着异质性。在低收入和中等收入国家的组别内，没有证据支持二者之间存在着因果关系，但是在高收入国家的组别内，经济增长显著促进了金融的发展。

2.1.4　双向因果关系论

20 世纪 90 年代，内生增长模型将金融中介作为内生变量纳入模型之中，从理论上揭示了金融与经济增长之间存在着双向因果关系。内生增长模型表明，一方面，金融体系的高度发展能够有效减少信息摩擦，可以通过提升资本积累、推动技术变革、提高资本配置效率以及促进金融产品与服务的创新促进经济增长；另一方面，高度增长的经济反过来对金融产品与金融服务产生大量需求，进而促进了金融中介与金融市场的发展。Boyd和 Smith（1998）构建一个新的内生增长模型进行研究发现，经济发展早期通过外源融资，特别是债务融资，进行资本累积，进而促进经济增长，而伴随着经济增长，金融体系逐渐发展与演变，股票市场逐步壮大且日益重要。Luintel 和 Khan（1999）以新兴经济体的宏观经济数据作为样本，发现金融发展与经济增长之间确实存在着双向因果关系，而且这种关系是一种长期稳定的正向关系。Calderón 和 Liu（2003）使用 1960—1994 年的 109 个发展中国家与发达国家的宏观数据，运用 Geweke 分解检验法，检验金融与经济之间的因果关系，发现二者之间存在着双向因果关系，而且这种双向促进作用在发展中国家要比发达国家更大。段鸿斌和杨光（2009）通过1995—2007 年股票市场的季度经济数据进行研究，发现经济增长有利于股票市场的发展，股票市场发展又能更有力地推动经济的进一步增长，从长期来看，这种促进作用是越来越大的。

2.2　银行结构性竞争与经济发展的相关研究

现在众多学者普遍认同金融部门在长期经济发展中的重要地位。银行机构作为金融部门的重要组成部分，无论是在发达国家还是发展中国家，都有着举足轻重的地位，而且众所周知中国的金融体系是以银行为主导，在我国，银行业显得尤为重要。银行业竞争结构的演变作为金融发展的一种重要表现形式，针对银行业竞争结构的作用，形成了以产业组织理论为基础的"市场力量假说"以及以信息经济理论为基础的"信息假说"两种对立观点。在这两种观点的基础上，大量学者深入研究与探讨其对经济发展方方面面的作用以及机理。既有的相关文献主要包括融资、创新、产业升级、资源配置以及经济增长等方面。

2.2.1　银行结构性竞争与融资的研究

当金融体系中银行机构的数量减少时，现存的银行机构会相应地提高贷款利率，从而导致信贷供给均衡水平的下降（Klein，1971）。银行业竞争程度的增强能够有效地降低企业融资的成本，增加企业的外源融资总量。Kaplan 和 Zingales（1997）发现企业内部与外界环境之间存在的信息不对称是导致企业融资问题的重要原因之一。González 和 Francisco（2014）发现如果现实环境中不存在信息不对称现象，那么银行竞争程度的增强有利于企业信贷可获得性的提高，但是由于债务融资存在着较为严重的信息不对称问题，银行竞争程度的增强会导致自身利润的损失，从而降低企业通过银行进行债务融资的可能性。银行竞争程度的变化对企业获取信贷的影响取决于银企之间信息不对称的条件。银行规模以及企业特征差异性的存在，导致不同类型银行与不同特征企业的信息约束存在差异，从而银行竞争的作用也不尽相同（Hellwig，1991）。

现有的研究对银行竞争与融资的关系存在着争议。"市场力量假说"认为银行业拥有垄断势力将会导致信贷供给不足以及利率较高，不利于企业融资。Alessandrini 等（2009）利用 1996—2003 年的意大利企业样本，研究银行机构的地理空间分布对企业融资的影响，发现银行管制放松与技术进步共同改变了银行机构的地理空间分布，促使银行决策中心的地理集中，反映了银行竞争程度的增强，与银行决策中心地理距离越近的企业，融资约束越小，其信贷可获得性越大。Rice 和 Strahan（2010）利用美国允许银行跨区域扩张的准自然实验，检验了银行竞争对银行信贷供给的影响，发现管制放松使得各州银行竞争产生了差异性，银行竞争激励的州的银行贷款利率更低、信贷供给量更大，但是仅仅大型企业能够获取更多的信贷，小企业的借贷量并没有发生任何影响。Chong 等（2013）基于中国企业调查数据，发现银行竞争的提升能够缓解融资约束，相较于国有银行，股份制银行与城市商业银行的缓解作用更大。姜付秀等（2019）利用中国上市企业数据研究发现，银行业竞争程度的提高，促使银行更多地偏向搜集与挖掘企业的信息，进而降低信息不对称以及交易成本，从而缓解企业面临的融资约束问题。

"信息假说"认为，由于信息不对称与代理成本问题，银行业拥有垄断势力能够与企业建立长期信贷关系，降低道德风险问题，从而有利于企业融资。Petersen 和 Rajan（1995）认为，当银行业处于竞争状态时，具有发展潜力的中小企业可能会被多家银行机构发现，导致一家银行机构为了挖掘具有发展潜力的中小企业的机会成本较高，从而导致银行的信贷决策行为可能较为短视，决策更加依赖当前的财务状况，弱化了银行机构获取软信息以及甄别风险的激励动机。而大部分中小企业的财务状况较差，其融资需求可能不会被满足。当银行业处于垄断结构时，银行挖掘中小企业的信息能够产生价值，银行能够通过设计合理的契约与企业进行长期合作获取高额利润。Ogura（2010）利用美国企业的横截面数据发现，在集中的贷款市场中，内部银行给予年轻企业的信贷利率要低于外部银行的利率，这种利率差异在竞争性的贷款市场中并不明显，他认为这是由于拥有垄断势力的银行体系具有信息优势，能够独占客户的私人信息，获取未来的信息租金。

2.2.2 银行结构性竞争与创新的研究

Brown 等（2009）认为新兴高科技企业广泛存在着信息不对称、研发活动回报高度不确定以及缺乏抵押物等问题，这使外源负债融资很难成为这类型企业研发活动的融资来源。Herrera 和 Minetti（2007）指出，银行机构作为企业信息的主要生产者，能够通过搜寻融资项目、企业经营行为以及财务绩效等信息来缓解信息不对称问题，并且在贷款后对企业进行监督来缓解道德风险问题，从而有利于促进创新。银行发展能够促进创新，主要是由于银行的特性使银行既有充足能力又有激励动机去搜寻借款人的信息，同时这种信息搜寻的行为是有效的。银行搜寻信息能够促进企业创新，这是由现实世界中的不完全契约造成的。Haselmann 等（2009）指出企业与银行借贷方存在着契约关系，潜在的其他银行知道现有银行拥有信息优势，便不会再搜寻该企业的信息与之签订契约，而且企业变更银行会被认为企业的创新项目被现有银行否决，从而向外界传递一种不良信号。因此，银行通过搜寻信息拥有信息优势，进而促进了企业创新。

目前大部分研究根据传统的研究框架，更多地证实了银行竞争是有利于企业创新的。Kerr 和 Nanda（2009）研究美国银行业管制放松对企业家精神以及创造性破坏的作用，发现银行业管制放松提高了银行机构的竞争程度，对创业以及企业退出均有显著的促进作用，他们认为这是通过创造性破坏行为来推动革命性的技术创新。Amore 等（2013）利用美国 20 世纪 80 年代与 90 年代的制造业企业创新数据，检验了州际银行业放松管制对企业创新数量与质量的影响，发现州际银行业放松管制引发了银行竞争结构的变化，从而有利于创新数量的增多与创新质量的提升，尤其是那些更加依赖于外源融资且地理位置更加接近银行的制造业企业。Cornaggia 等（2015）采用美国州际银行分支法的管制放松政策进行准自然实验，研究银行竞争对企业创新的作用，发现银行竞争程度的增强提高了依赖于本地银行外源融资的私营企业的创新，这是由于小型的、创新型的企业能够获取更多的融资。

中国现处于经济发展的转型阶段，金融市场虽然处于不断完善的过程中，但是对于大部分企业的创新活动而言，从股票市场获取直接融资的可能性较低，更多地依赖于银行通过债权的形式为创新项目进行融资。唐清泉和巫岑（2015）指出银行竞争能够缓解创新活动中的融资约束，这种促进作用会由于企业特征的异质性而存在差异，在高技术企业、中小企业以及民营企业中，银行竞争能够显著促进企业创新。蔡竞与董艳（2016）发现银行竞争有利于企业的创新行为，而且在中小企业中表现出更大的作用；同时发现不同类型银行的创新促进作用并不相同，相比国有银行和城商行而言，股份制商业银行促进作用更强。张杰等（2017）发现银行结构性竞争与企业创新之间存在着 U 形的非线性关系，只有当银行竞争程度超过临界值时，银行结构性竞争能够显著促进企业创新，而银行竞争程度未达到临界值时，正好相反，会抑制企业创新。

2.2.3　银行结构性竞争与资源配置效率的研究

资本错配问题广泛存在于发展中国家，并且造成了严重的生产率损失（Hiesh 和 Klenow，2009；Lu 和 Yu，2015）。中国推动银行改革的目的在于通过增强银行竞争程度提升银行体系的效率，使社会整体的资源配置得以优化。在目前中国以银行为主导的金融体系中，商业银行的信贷资源投放会受到政府的影响。钱先航等（2011）认为地方政府希望商业银行的信贷资源更多地支持地方经济发展，并且影响信贷资源流向房地产行业拉动经济快速增长。Firth 等（2009）、Poncet 等（2010）发现中国银行业的信贷投向存在着明显的所有制歧视，国有商业银行中的民营企业信贷份额仅占总体信贷额度的 7%，银行的信贷严重偏向国有企业。钱诚（2018）发现银行竞争程度的增强显著地提高了以价格扭曲为形式的信贷补贴水平，这类信贷补贴更多地投向了国有企业，而民营企业并没有发现显著变化，这种忽略效率的企业资本过度使用，提升了僵尸企业的生成概率，从而不利于资本配置效率的改善。Chen 等（2020）以 1997—2012 年中国 260 个城市的出口数据为样本，发现城市商业银行的发展促进了银行体系的竞争程度，在一定程度上缓解了国内金融体系低效率对民营企业出口活动的制约，同时也发现与国有企业相比，民营企业的出口业绩依旧是处于恶化状态，他怀疑国有银行并未因竞争程度的增强而摒弃向国有企业贷款的系统性偏向。

另外，也有研究发现，市场竞争程度的增强使银行的信贷行为表现出"去行政化"的趋势。蔡卫星和曾诚（2012）发现市场竞争程度的增强有助于改善银行信贷行为，促使银行在开展信贷业务时更具有市场行为。何欢浪等（2019）发现银行管制放松有助于优化资源配置，其核心作用机制为银行管制放松发挥了优胜劣汰的作用，主要促使民营企业优化其资源配置效率，但是在国有企业中，这一核心作用机制并未得以实现。戴静等（2020）发现在市场机制的实现过程中，银行竞争程度的增强更多的是发挥了"催化剂"功能，能够提高银行对高效率民营企业与中小企业的信贷支持水平，激励企业进一步提升创新与生产率，同时降低低效率企业的信贷支持水平，加速淘汰过程，从而达到优化资源配置效率的目的。祝继高等（2020）认为银行结构性竞争的提升在扩大信贷供给的同时，自身的信贷风险也得以加剧，迫使银行加强对企业的监督管理作用，进而有利于改善企业的投资效率，从而使资源配置效率得以优化。

2.2.4　银行结构性竞争与经济增长的研究

大部分学者从银行集中度的视角研究银行竞争的经济增长效应。林毅夫和孙希芳（2008）认为金融体系在完全竞争的情况下，银行结构的主要表现形式就是不同类型银行的市场份额，这能够较好地反映银行业的竞争程度。Cetorelli 和 Gambera（2001）发现，虽然偏向垄断的银行结构有利于年轻企业的债务融资，也有利于依赖外源融资的工业部门增长，但是这种促进作用无法弥补其对其他部门与企业造成的抑制作用，最终导致对经济增长的抑制作用。Carlin 和 Mayer（2003）以 1970—1995 年 OECD 国家的 27 个行业作为样本，考察金融结构、产业特征与各国经济增长的关系，发现银行集中程度较低地区的产业发展较快。Jayakumar 等（2018）利用 1996—2014 年 32 个欧洲国家的跨国面板数据进行实证研究，发现银行业竞争是保持经济增长的重要长期驱动力。

另外，也有不少研究得出相反的结论，Mitchener 和 Wheelock（2013）利用美国各州银行业集中度与制造业层面的数据，分析银行竞争对经济增长的影响，发现银行业处于较为集中状态，即银行竞争程度越小，对制造业发展越能够产生积极作用，其中对银行依赖程度较大的行业影响更大。Leroy（2019）以 1999—2009 年 10 个欧洲国家为样本，实证检验银行竞争与制造业发展的关系，结果是，在银行竞争更为激烈的经济体中，金融依赖程度最高的制造业增长更为缓慢。

就中国现实情况而言，不同类型的银行在市场地位以及政策优势等多方面均具有明显的异质性。在这种异质性银行网点的情形下，虽然这种基于银行市场份额构造的银行竞争指标无法衡量不同银行内部个体的竞争程度，但是依旧能够较为准确地代表不同类型银行之间的竞争程度（张杰等，2017）。贾春新等（2008）利用省级面板数据，以四大国有商业银行的分支机构数量衡量银行竞争程度，发现银行竞争程度的提升显著促进了经济增长。彭宇文等（2013）以存贷款集中度刻画银行市场结构，利用 2001—2011 年湖南与广东两省的相关数据，实证检验发现存贷款集中度越高，即银行竞争程度越低，经济增长水平越低。李喜梅（2013）利用 1999—2006 年中国三大区域 14 个省份的宏观数据，以银行集中度作为银行竞争的代理变量，发现银行放松管制背景下，银行竞争有利于区域经济增长。

2.3　县域经济发展的相关研究

县域作为中国行政区划中的重要组成部分与微观单位，县域经济的发展状况关乎着整个地区甚至整个国家的经济发展水平。县域经济的发展问题已经成为政府与学术界的重点工作与研究方向之一。县域如何形成既适合自身发展又具有自身特色的发展之路，如何有效发挥县域经济发展中金融体系的支持作用，这是摆在本书面前的重要现实问题与理论命题。因此，必须对县域经济发展的相关研究进行梳理，从而找出解决之道。本章将从四个方面，分别为县域经济内涵、县域经济特征、县域经济增长影响因素与县域经济发展模式，进行相关文献梳理。

2.3.1　县域经济内涵的研究

县域经济作为全国整体经济体系中的基础构成单位，其概念与内涵界定是经过长时间研究与探讨形成的。最早关于中国县域经济概念的界定可以追溯到周志纯（1987），他认为县域经济并不是一个国家给定行政区划意义上的概念，而应该是经过长时间发展自然而然形成的一种一定地域范围内的经济，是社会主义商品经济的综合体。这种界定包含了非行政区划、地域范围以及商品经济三个方面，在现在看来无疑有着明显的缺陷，这种缺陷的形成主要是由于当时时代背景的限制，缺乏全面的社会主义市场经济体制建设经验。随着改革开放的不断推进以及学术研究的不断深入，县域经济的内涵逐渐被确定为特定地理空间内即县级行政区划内的区域经济。

李小三和徐鸣（2000）从行政区划的角度出发，认为县域经济是以县级行政区划为地理范围，以独立财政能力为标志，以城镇、乡村各层级经济要素的关联与组成作为基本结构，通过双向流动的劳动力、资本等表现为整体功能的经济体系。王怀岳（2001）从区域经济发展的角度出发，认为县域经济是一种以政府为主导，以行政区划为地域范围的经济体系，是劳动力区域分工导致的必然结果。陈才（2007）以地理经济学为基础理论，认为县域经济是以县级行政区划为地理空间，城区是县域经济的核心区域，外围的乡镇与村落是边缘腹地，以三次产业作为发展基础，并同地理范围外的经济保持联系的综合经济体系。

党的十六大提出了"积极推进农业产业化经营，提高农民进入市场的组织化程度和农业综合效益。发展农产品加工业，壮大县域经济"的重要发展战略。从学术界对县域经济内涵的探讨以及党中央对县域经济的发展要求来看，县域经济是一个区域经济的范畴，其内涵能够总结为，是以县城与乡镇的城镇化为重要载体，以县域工业化为重要表现形式，经济要素之间和地域内外具有关联与流动的地理空间结构的经济体系。

2.3.2　县域经济特征的研究

县域经济虽然是国民经济中的微观组成部分，但也是一个相对独立的经济体系。县域经济除了具有独立经济体系的共性，还具有一些其他特征性。为了更好地理解与发展县域经济，需要同时抓住经济体系的共性与县域经济的特性。国内学术界对县域经济的特征进行了大量的研究，不仅包括县域经济的基本特征，也包括不同省区、不同类型以及不同方面县域经济的特征。

谢豪斌（2006）认为县域经济与城市经济存在着很大的差别，并通过对比将县域经济的特征进行归纳，体现在六个方面，分别为以农民为主的人口结构、以农业生产为主的经济结构、以"吃饭"为主的财政支出结构、以初级产品生产为主的产业结构、以中小企业为主的企业结构以及以自身累积与投入为主的发展结构。于涛（2007）认为县域经济具有区域经济的共性，同时兼有固有的个性，并从优势与不足两个方面探讨县域经济的六大特征。从优势来看，县域经济具有三个特征，分别为具有农业、矿产以及劳动力三大资源优势，具有巨大的市场潜力优势，具有良好的微观市场机制优势；从不足来看，县域经济同样具有三个特征，分别为经济结构严重不合理，缺乏明显特色产业，"三农"问题较为突出。

还有一部分学者从新时期发展，即改革开放新形势的角度，研究县域经济的特征。徐井万（2008）指出国家出台了一系列解决"三农"问题的新政策，标志着县域经济进入了一个新的发展时期。他认为新时期县域经济的主要特征表现为工业化与城镇化、经济结构日趋优化、工业与农业关系逐渐由"掠夺"转变为"帮助"等。李彦博（2017）认为县域经济具有四个方面的特征。第一，多样化产业，县域经济发挥着农业、工业以及服务业三大产业的全部功能，但是不同产业在不同县域的经济地位不同。第二，开放性的经济体系。第三，鲜明地域特色特征，县域经济是具有资源特色、文化特色以及产业特色等的经济体系。第四，非平衡发展特征。县域经济的非平衡发展特征主要表现在三个方面，首先，由于生产力的差异，不同地区与省域之间的县域经济表现出横向的非平衡发展；其次，同一地区以及省域内地理邻近的县域经济表现出纵向的非平衡发展；最后，不同县域之间的历史、文化、资源等差异造成的特色的非平衡发展。

2.3.3　县域经济发展模式的研究

赵伟（2007）认为产业结构在县域经济发展模式中是最重要的，他从产业驱动的视角将县域经济发展模式分为了工业驱动、农业驱动、第三产业驱动以及资源禀赋驱动四大类型。在分析各类型的优势与劣势的基础上，提出了县域发展模式的选择应该结合的几个要点：第一，农业是县域经济的基础，应该夯实农业发展；第二，应该结合县域资源的有限性并有效利用，拒绝"小而全"的产业结构；第三，结合自身的比较优势，形成以特色产业为主导的产业结构。战焀磊（2010）根据县域经济发展在实践过程中形成了例如苏南模式、珠江模式、温州模式、义乌模式等独特的发展模式，将所有的模式总结为区位导向、资源导向、资本导向以及企业导向四大类型。他认为在时空环境不断变迁的过程中，不同县域应该灵活应对，不断弥补劣势并发挥优势，从而实现可持续发展。既要考虑自身资源禀赋与文化特色，结合优势条件，采取合理的差异化发展路径，提高特色竞争力，又要秉持经济社会与资源环境协调发展的理念，致力于可持续的发展。

在当前经济高质量发展的背景下，不少学者对县域经济发展模式提出了新的见解。郭爱君和毛锦凰（2018）认为在新常态的机遇与挑战下，县域经济作为国民经济的基本单元与经济转型发展的空间核心，同样要推动经济发展变革，实现更高水平的发展。他们认为，首先，东中西部的各县域应发挥各自的特色优势，优化经济的空间结构，东部地区应以创新驱动优化产业结构，中部地区应提升农业现代化水平，西部地区以精准脱贫攻坚为重要工作；其次，积极融入区位发展战略，例如依托"一带一路"平台、融入京津冀地区、整合长江经济带优势等；最后，应推进县域经济体制改革，推进全面深化改革。苏艺和陈井安（2020）认为在当前历史机遇与宏观环境挑战的背景下，县域经济进入了转型发展的重要关口，应该培育实现高质量发展的新动能。他们认为县域应该做到如下六点，第一，坚持供给侧结构性改革，实现产业转型升级；第二，坚持乡村振兴，实现城乡融合发展；第三，坚持城市与小城镇建设，实现新型城镇化；第四，坚持分工定位，实现特色化与差异化发展；第五，坚持破除不平等，实现民营经济发展；第六，坚持增强县域经济发展动力，实现思想解放。

2.3.4 县域经济增长影响因素的研究

针对县域经济增长问题的研究，国内学术界进行了大量的工作。大量文献从技术进步、产业结构调整、财政分权、金融发展、省直管县体制改革、基础设施建设以及区域发展政策等方面入手，研究如何推动县域增长。

乔南和崔逸斐（2016）利用2002—2013年山西省县域数据，研究产业集群与县域经济增长的相关关系，发现产业集群能够通过促进创新与提升竞争力，成为县域经济增长的有效载体，从而促进县域经济增长。王振华和李旭（2015）以辽宁省的县域面板数据进行空间计量分析，发现技术进步是推动县域产业结构升级的驱动力，技术进步促进经济增长主要依赖于产业结构的升级。孙学涛等（2017）以中国 1869 个县域作为样本，研究发现资本偏向型的技术进步有助于促进县域产业结构的合理化与高级化，从而进一步推动县域经济的长期增长。

毛婕和赵静（2012）以 2000—2007 年的县域为样本，实证分析"省直管县"试点政策对县域财政与经济增长的作用，发现"省直管县"试点政策能够同时促进县域财政收入与经济增长，但是这种促进作用的程度在不同地区表现出显著的差异性。王立勇和高玉胭（2018）利用山西省"省直管县"试点政策的准自然实验，研究财政分权对县域经济的影响，发现"省直管县"试点给予县域更大的财政自主权，激励了县级政府发展经济的信心，通过提高市场化水平，实现了县域产业结构优化与升级，而这一作用随着时间的推移越发显著。

刘冲和周黎安（2014）首次利用县域数据评估高速公路的修建对县域经济增长的影响，在排除 GDP 测量以及火车提速等问题的干扰后，利用县域平均坡度作为工具变量进行实证研究，发现高速公路的修建改善了基础设施水平，有助于企业进入、资本流入以及提升企业效率，进而促进了县域经济增长。Qin（2017）以地级市与县域作为样本，实证评估了火车提速对提速站点所在地区经济的影响，结果发现，火车提速是不利于县域经济增长的，这是火车提速后各县域火车停靠次数大幅降低导致的。张俊（2017）利用高铁建设的准自然实验，评估基础设施改善对县域经济发展的影响，结果发现，高铁建设对县级市与县的影响存在着差异性，高铁建设对县级市能够产生显著的促进作用，而对县没有任何影响，这种促进作用主要是由于提高了投资水平，而非优化了产业结构。

黄志平（2018）利用 PSM-DID 方法评估国家级贫困县的设立对县域经济发展的作用，发现贫困县的设立使贫困县能够获取上级政府或者中央的财政转移支付、专项扶贫贴息贷款以及税收减免等优惠政策，改善当地经济发展的外部环境，从而通过增加资本积累、优化产业结构等途径促进经济增长。张凯强（2019）利用国家级贫困县评定的政策，采用模糊断点方法分析其对经济稳定的作用，结果发现贫困县的评定有利于当地获取更多的转移支付，而转移支付具有自动稳定器与相机抉择的作用，能够平滑消费与分散风险，从而保证贫困县经济的稳定增长。

姚梅洁等（2017）利用 2578 个县级行政区 5 年的数据，研究金融排斥对县域经济的作用以及影响机制，结果发现，金融资源使用效率的差异性使东部地区的金融排斥问题得到缓解，而中西部地区的金融排斥问题却更加严峻。金融排斥的加剧抑制了县域经济增长，这主要是因为金融排斥的加剧会导致交易成本提高、金融产品供给减少、信息不对称加剧、创新与抗风险能力降低。王修华等（2019）利用2006—2017年我国1818个县级行政区的宏观数据，发现金融渗透能够促进县域经济、财政收入以及农民收入增长，这是由于金融渗透水平的提高，缓解了金融排斥问题，抑制了县域的资本外流。郑秀峰和朱一鸣（2019）考察普惠金融对减贫增收的影响，发现普惠金融对减贫增收的促进作用存在区域异质性以及调节效应，这种促进作用在非贫困县明显更大一些，而且经济机会的增加有利于发挥普惠金融的促进作用。

2.4　文献述评

作为经济金融领域最为重要的问题之一，金融发展与经济增长的关系得到了国内外学者广泛且持久的关注与研究，并取得了丰富的成果。既有的大量文献从不同视角研究了金融发展与经济增长的关系，其中包括金融结构。金融结构中关于"银行体系主导"与"金融市场主导"孰优孰劣的争论持续了近半个世纪，却并未达成一致。林毅夫等（2009）提出了最优金融结构理论，在分析银行与金融市场各自比较优势的基础上，认为金融结构的选择取决于经济体的性质及其对金融制度的需求，从而缓解了金融结构优劣之争。这些研究文献为大量发展中国家制定金融与经济发展政策提供了丰富的理论依据。

不同国家的经济体系差异性较大，中国的金融体系是以银行体系为主导的。相较于偏向银行还是金融市场的金融结构对经济发展影响而言，银行业内部结构对经济发展作用的研究显得更为重要，尤其是银行竞争结构的作用。近年来，关于银行竞争效应受到了学术界的深入研究，大量学者从理论与实证两方面，结合微观与宏观两个层面，探讨了银行竞争对企业融资、创新、资源配置与经济增长等方面的影响与作用机制。由于企业个体特征的差异性与银行比较优势的差异性，银行竞争对微观与宏观的作用并未得到一致的结论。本书回顾了银行竞争效应的相关文献，为本书的研究打下了基础，同时发现现有文献中的不足与局限，为本书的进一步研究提供了空间。

　　首先，银行结构性竞争对国民经济的影响不应该仅仅体现在微观层面上，更应该体现在能否促进宏观经济发展上。宏观经济的变化是微观企业行为的加总，微观企业的行为应该与宏观经济的变化方向保持一致，但是从这些微观层面上，银行竞争却并没有得到一致性的证据支持。也有文献从宏观经济增长的角度研究银行竞争的作用，却并未形成共识。既有文献均是从微观或者宏观的单一层面进行银行结构性竞争效应的探讨，缺乏将微观与宏观进行结合的相关文献。因此，结合微观企业层面与宏观县域层面，研究银行结构性竞争的综合效应是十分有必要的。

　　其次，尽管也有文献从宏观层面研究银行竞争的作用，但这些都是从经济增长的角度出发的，众所周知，经济增长仅仅是经济发展的一个方面，经济发展至少应该包含两方面的内容，一个是数量型经济增长，另一个是质量型经济增长，即经济高质量增长。大量研究表明财政与金融的资金投入是县域经济发展的必要手段，而大量资金外流现象是县域面临的重要问题。工业化是新时期县域经济发展的重要表现形式。因此，有必要从县域资金流动、产业发展、经济增长以及高质量发展等多个方面，综合研究银行结构性竞争对经济发展的影响。

　　最后，既有的文献衡量银行结构性竞争更多集中在省级层面，也有部分从城市层面进行银行结构性竞争指数构造。第一，这种构造方式默认了企业在全省能够自由借贷的假设，与中国信贷市场地域分割的特征不相符，企业很难从其他地区同一银行或者不同类型的银行获取贷款。第二，由于银行准入管制放松更大程度引起的是县域银行市场结构与竞争程度的变化，在服务县域经济发展的目标上，从省级或市级层面构造，容易产生偏误。在研究银行结构性竞争如何影响县域经济发展上，从城市层面或者省级层面构造银行结构性竞争指数并不合适，有必要从县域层面构造银行结构性竞争指数。

第3章 银行结构性竞争对县域经济发展影响的理论分析

通过梳理国内外与银行竞争相关的既有文献，发现金融发展与银行结构的动态变化对经济体系内的社会主体融资、创新、资本配置效率以及经济增长多个方面均会产生重要的影响。中国的金融体系是以银行为主体，如何推动金融体系改革、构建富有竞争力的银行体系，进而借助银行结构性竞争的作用推动县域经济的发展，还需要进一步深入研究。本章研究银行结构性竞争对县域经济发展的作用，应该在明确银行结构性竞争的内涵基础上，分析县域银行结构性竞争格局形成的理论逻辑，构建包含银行竞争的宏观经济增长数理模型，提出阐述银行结构性竞争影响县域经济发展的基本假设，从而为后文的实证检验奠定理论基础。

3.1 相关概念的内涵界定与分析

3.1.1 银行结构性竞争的内涵

传统产业组织理论是关注不完全竞争下的市场结构与企业行为方面的理论框架体系，其中主要以哈佛学派、芝加哥学派与新奥地利学派为主要代表。哈佛学派主要研究市场结构，提出了经典的 SCP 框架，在 SCP 分析框架中，竞争状况主要由市场结构表示，其决定了企业行为，进而影响绩效。他们认为一个行业中企业的数量越多，行业集中度越低，市场竞争程度越激烈；反之，如果一个行业中企业数量越少，行业集中度越高，市场竞争程度越趋于垄断。芝加哥学派与新奥地利学派均信奉自由经济思想，强调市场的力量，认为市场能够自发地调节经济，反对国家通过行政干预经济，并且均对 SCP 范式提出质疑。其中，芝加哥学派认为结构—行为—绩效并非简单的单向因果关系，绩效同样可以作用于结构；新奥地利学派强调是企业家精神决定了竞争程度，而非市场结构。

与其他一般行业不同，由于银行业具有特殊的强外部性特征，大多数国家都对银行业实施行政管制，银行业并非完全通过市场力量进行调节，从而使银行业处于完全垄断或垄断竞争状态。在我国，金融体系特别是银行体系，政府对其具有较强的控制力与影响力。因此，衡量银行结构性竞争更适用于 SCP 分析框架，本章认为银行结构性竞争是指银行体系中不同类型银行在规模、数量、市场份额上的相对关系以及由此决定的垄断—竞争的市场结构形式。

3.1.2　银行结构性竞争下县域不同类型银行的经营行为

中国的银行体系结构是伴随着中国经济渐进式改革的步伐不断变化的，其银行体系经历了最早的单一银行、国有专业银行形成、多元化银行体系建立、国有商业银行的市场化改革以及银行业的进一步深化改革五个阶段。党的十六大提出了"发展县域经济"的重要发展战略，中央政府为了进一步支持国民经济发展，满足中小企业、县域经济以及"三农"领域对金融服务的需求，需要推动银行业进行深入改革。这一阶段的重点任务是放松县域层面的银行市场准入限制，发展地区性商业银行与吸引民营资本进入银行业，加快建设具有差异化与特色化的银行体系。

2006 年中国银监会实施了放松农村地区银行机构市场准入的政策，并提出在湖北、四川以及吉林等六个省区设立村镇银行，开展农村地区新型金融机构的试点工作。中国银监会于 2006 年、2007 年以及 2009 年分别放松了城市商业银行、股份制商业银行以及中小商业银行在县域的市场准入限制①。中央政府系统推动了银行准入管制政策的放松，鼓励股份制商业银行、城市商业银行设立异地分支机构，并且试点设立村镇银行，期望形成多层次的银行体系。在银行准入管制政策放松之前，国有商业银行逐渐收缩县及县以下的分支机构，经营重点转向中心城市、重点项目和大型企业。近年来，县域内的银行市场结构演变为以农村信用社为绝对主导、以国有大型银行和邮政储蓄银行为主体、村镇银行蓬勃发展的垄断竞争型结构。无论是县域内已有的农信社，还是新设立的村镇银行以及城市商业银行，均属于规模较小的银行，其信贷决策更加依赖于企业的软信息（林毅

---

① 2006 年 2 月的《城市商业银行异地分支机构管理办法》，2007 年 3 月的《关于允许股份制商业银行在县域设立分支机构有关事项的通知》与 2009 年 4 月的《关于中小商业银行分支机构市场准入政策的调整意见（试行）》。

夫和李永军，2001）。

林毅夫等（2009）指出不同规模银行的融资特征与比较优势具有差异性。大银行在决定信贷决策时，会严格审核申请企业的财务状况、信用记录以及充足的抵押品价值等，并且签订严格的执行合约、实施严格的违约清算，以此降低银行自身的经营风险。一方面，大银行由于内部组织层级较多，申请企业的软信息在组织层面之间传递容易出现失真，对基层银行机构信息传递的甄别与监督成本过高，导致远离企业的银行授信审批中心难以通过传递上来的软信息有效地识别企业经营风险。因此，大银行不对中小企业提供低成本金融支持的原因，并非歧视，而是大银行对企业硬信息的要求与无法克服信息不对称问题。相比大银行而言，中小银行在处理软信息方面具有比较优势。中小银行具有本地经营的特征，能够与中小企业进行长期接触，并且与中小企业相关的上游供应商、下游客户群体以及所有社区进行接触，了解企业的经营情况、企业所有者的品格和信誉，以及能力等软信息。另一方面，中小银行由于组织层级较少，信息传递链较短，以及对基层信贷人员的监督成本较低，较容易克服信息不对称问题。因此，中小银行更容易对中小企业进行金融支持。

当前县域的银行体系是多元化的。不同类型银行机构的经营行为存在差异性。国有商业银行虽然在县域布局了大量的分支机构，但是县域分支机构的贷款审批权限集中在地级市，甚至是省级层面。首先，银行贷款审批权限的上收导致银行审批机构与具有信贷需求企业的距离过远，银行对企业的信贷调查无法深入，信贷审批决策往往依赖于企业财务报表或者抵押物，对于企业当前的经营状态以及前景等无法作出及时且准确的判断，加剧了银行与企业之间的信息不对称问题。其次，国有商业银行的组织层级较多，在向异地授信时，手续较为繁杂、审批时间较长，信贷在经过总行的评级、审批以及放贷的长途跋涉甚至是循环往返后，可能失去了它最初的作用。因此，国有商业银行对县域的信贷投入减少，其吸纳的存款通过上存与投资的方式流向大城市，对县域资金表现为"抽水机"效应。

邮政储蓄银行的营业网点较多，其中近三分之二分布于县域以及农村地区，其客户结构决定了其服务于县域经济发展的天然义务。为了让邮政储蓄银行吸收的存款反哺于本地，体现服务"三农"与县域经济发展的战略，国务院同意、银监会批准其于2007年正式成立，以期缓解县域经济发展的资金需求。一方面，邮政储蓄银行长期植根于县域与农村地区，拥有广泛的群众基础，而且资金规模具有优势，能够满足县域的信贷需求，从而缓解县域资金外流；另一方面，邮政储蓄银行作为全国性的商业银行，采取一级法人的制度，授信是在总行范围内展开的，同样具有"大银行"的弊端，存在着与企业之间信息不对称、审批时间过长等问题。

农村信用社①的业务经营是严格按照县级行政区划进行分割，这种对业务经营范围的地理限制导致农村信用社只能够在县域范围内吸纳以及集中使用资金。为了促进县域经济发展，盘活农村经济，金融部门实施了具体的改革政策，其中最具有代表性的就是设立村镇银行。《村镇银行管理暂行规定》明确要求村镇银行不得发放异地贷款。农村信用社与村镇银行长期扎根于县域与农村地区，其制定的信贷政策依赖于地方的经济特点，更好地发挥了服务县域经济发展的作用。而且，农村信用社与村镇银行的规模偏小，根据"小银行优势"理论，小银行的内部组织层级较少、与目标客户的实际距离较近，在服务本地"三农"与中小企业时，处理"软信息"和关系借贷投资方面更具有优势。

近年来，中国致力于县域银行市场准入放松以及新型农村金融机构建立，导致县域内的银行市场结构逐渐演变为以农村信用社为绝对主导、以国有大型银行和邮政储蓄银行为主体、村镇银行蓬勃发展的垄断竞争型结构。县域银行结构性竞争程度的增强，不仅不会破坏原有农村信用社的关系型借贷，而且有利于改进农村信用社的经营效率，策略性地加大"软信息"的搜集与甄别力度、增加关系借贷投资，这种做法往往是小银行应对市场竞争的战略选择，有利于县域经济发展。

3.1.3　中国县域经济的非均衡分析

由于县域自身禀赋条件的差异性，例如区位和环境、人力资本、经济体制以及经济政策等方面，不同县域经济之间存在着非均衡性。县域经济的非均衡性包括时间与空间的非均衡性，从时间上来讲，同一县域在不同时期的经济水平与增长速度表现出差异性；从空间上来讲，在同一时间或同一段时期内，不同县域之间的经济水平和增长速度表现出差异性。中国县域经济在时间上互相继起，在空间上呈现发达县域与欠发达县域并存的局面，不同县域之间的经济发展呈现非均衡性。为了更广泛更深刻地探讨中国县域经济的非均衡性，本书重点从空间的非均衡性展开。

---

① 本书所表述的农村信用社包含农村信用合作社、农村合作银行和农村商业银行等多个产权组织形式。

　　不同类型的县域根据地理区位、行政区划以及经济政策的不同可以划分为东中西部地区县域、县与县级市、贫困县与非贫困县、距离中心城市邻近县与偏远县等。虽然不同类型县域在行政级别上属于同一级别，但是不同类型县域之间某种禀赋的差异性同样会导致非均衡性的产生。从历史传统与地理区位的角度，将县域经济划分为东、中、西部地区，相较于中西部地区而言，东部地区拥有特殊的区位条件以及早期优先享有国家的扶持政策两大优势。例如，改革开放初期，东部地区优先享受财政、税收、信贷以及投资等方面的优惠政策，放松了资源流动限制，设立了沿海开放城市，由于地理区位的优势，中国嵌入全球价值链的程度加深，东部县域与中西部地区县域的经济发展差距越发扩大了。中西部地区处于自然条件、地理区位以及政策扶持的劣势，尽管中央政府逐渐将政策扶持向中西部地区倾斜，改善中西部地区的生活、生产等基础设施条件，中西部地区的县域经济也展现出积极的发展态势，但是由于东部地区先行的优势，其产业结构、先进的科技研发与转化、体制改革创新以及思想观念的转变已经高度领先于中西部地区，导致中西部地区县域的经济水平与东部地区相比差距仍然较大，经济发展呈现非均衡态势。

　　县与县级市比较，县级市在行政权力与经济资源获取方面比县更有优势。相比县而言，县级市的市委书记更有可能成为地级市的市委常委（Ding，2011），县级市政府的行政职权范围更广，很多县级市拥有相当于"副地级市"的审批权，例如县级市往往拥有更多的建设用地指标，同时能够从土地出让中获取更多的收入份额。县政府的行政职能着重在于解决"三农"问题，而县级市的职能着重于城市建设，县级市的城市维护建设使用税率一般要高出2%～5%，并且在对外招商引资方面，县级市拥有更好的形象。因此，县级市在行政权力以及经济资源获取方面的优势，使县级市的经济发展优于县，县与县级市之间的经济发展存在着非均衡性。

　　对贫困县与非贫困县而言，贫困县能够享受到一系列倾斜性的国家政策，例如专项扶贫资金、信贷优惠、财税优惠以及其他非资金优惠等政策，并且这些政策均是排他性的。首先，从专项扶贫资金来看，每个贫困县每年平均可以获得中央3500万元的扶贫资金，占每个县同年平均财政收入的9.97%，并且专项扶贫资金还处于逐年增长的态势，这些扶贫资金主要用于贫困县的生活、交通以及生产设施等基础设施建设，促进资本形成。其次，从财税优惠方面来看，对贫困县的企业税收进行一定比例的减征，用于鼓励与支持当地企业的发展，有利于形成规模效应与改善投资环境。最后，从非资金优惠政策来看，劳动力培训转移的项目主要在贫困县内展开，并且信贷优惠政策支持的农业产业化项目也主要集中在贫困县，同时还有一些具有针对贫困县的优惠政策。虽然贫困县的经济发展水平开始是落后于非贫困县的，但是在政策加持的情况下，其经济发展的速度是要高于非贫困县的。因此，贫困县与非贫困县的经济发展速度表现出非均衡性。

对县域经济非均衡发展的分析，必定要将距离中心城市远近的县域纳入其中。中心城市拥有强大的经济、科技以及人力资源等方面的优势，能够通过向周围的县域进行信息传播和交流、异地投资、产业转移以及人员流动等方式，带动县域的经济与社会快速发展，即存在辐射效应。中心城市的空间辐射效应主要体现为服务辐射与信息辐射，服务辐射是指要素资源通过从业人员的传播、服务网络的延伸向周边地区辐射，信息辐射是指生产相关信息从中心城市向周边地区传递。由于服务在地理空间中的流动需要运输成本，信息在地理空间中的流动具有损耗性的特征，中心城市的这两种辐射效应分别涉及运输成本与信息成本，呈现出随着地理距离增加而衰减的特征。因此，距离中心城市较近的县域受到辐射效应较强，而距离较远的县域受到辐射效应较弱，邻近县与偏远县的经济发展会形成非均衡的态势。

此外，不同类型县域根据地形特征划分有山区县、丘陵县与平原县，根据是否少数民族自治划分为民族县与非民族县，根据是否与外国直接相连划分为边疆县与非边疆县，等等，但是按照这些特征划分的县域经济非均衡性均可以纳入上述特征划分的县域经济非均衡分析之中。不同类型的县域特征代表的要素禀赋、自然条件、行政权力以及政策扶持等方面的差异性，会导致县域银行结构性竞争对经济发展的影响效应存在着异质性的作用。

3.2　县域银行结构性竞争格局形成的理论逻辑

县域银行的结构性竞争格局是伴随着中国农村金融制度改革而形成的，中国农村金融制度改革的主要特色是政府主导下的渐进式改革，中央政府在改革过程中居于绝对主导地位。中央政府在主导改革中，其目标函数并不是单一的，而是具有多重目标，分别为通过降低交易费用使总产出最大化、通过改革强化对经济的控制与垄断利润，实现政治支持最大化以及考虑意识形态、有限理性与制度偏好。新制度学派在清楚地认识国家的本质与职能的基础上，提出了"国家悖论"，即国家权力是构成有效产权和促进经济发展的一个必要条件，但是国家权力介入产权安排与交易又会对私人财产安全造成侵害，可能导致无效的产权安排与经济衰退。

North（1994）将以"国家悖论"作为基础的政府效用函数分解成为一个包含二元结构的效用函数，分别为租金偏好效用函数和效率偏好效用函数，并且提出了关于中央政府行为的两种约束，即竞争约束和交易费用约束。在这两种约束的相互作用下，中央政府会根据当前社会的制度环境，寻求租金偏好效用和效率偏好效用的均衡，并且中央政府的效用逐渐从租金偏好转向效率偏好，这也是中国农村金融制度渐进性改革以及县域银行业结构变迁的内在逻辑。因此，中央政府会根据当前的效用函数，评估制度改革的绩效，当中央政府认为制度改革能够获取的收益大于改革成本时，便会通过行政命令与法律法规等措施自上而下地实施制度改革。

3.2.1　金融分权与县域银行体系的建立

1978 年中国改革开放，实施了一系列的以家庭联产承包制、国企以及城市等为主要内容的"放权让利"经济体制改革。在这一过程中，社会中的资金越来越多且越来越分散，形成了大量的"金融剩余"。大量分散的"金融剩余"为中央政府通过金融体制改革实现政府租金偏好效用函数的最大化提供了制度需求。国务院经济改革决策者决定尽快恢复与重建中央政府可以控制的国有银行体系，既可以让国家在长期内获取与支配大量资金，又能够不伤及国家的声誉，既可以保证经济改革的顺利推进与经济的快速增长，又能够最大限度地节约财政资源、补充财政收入。此时租金偏好的效用函数是中央政府将改革的稳定性考虑在内的理性选择。因此，中央政府自上而下、逐渐向地方安排国有银行分支机构，实施总行与地方分行所在政府双重领导的管理体制，这种管理体制为地方政府对银行地方分行进行行政干预提供了便利。但是，在体制改革的初期，地方政府并不在意银行体系的扩张。原因在于，一方面，国有银行受到中央政府的强烈管控；另一方面，地方政府认为相较于金融而言财政更加重要。

随着经济体制的进一步推进，财政收入在国民收入中所占的比重越来越低，而居民收入的比重越来越高。因此，银行体系在整个社会中配置资源的作用日益凸显，地方政府也逐渐意识到银行体系的重要作用。为了调动银行地方分行的积极性，中国人民银行将各个银行的多项审批权限下放到地方分行，例如贷款规模调剂权、资金融通权等（洪正和胡勇锋，2017）。由于国有银行本身就代表着资源、权利与利益，对于地方政府而言，拥有国有银行的分支机构，便能够争取与掌握更多的资源，从而增加就业机会、提高经济增长水平甚至维护社会稳定。由于中央政府放权让利的经济体制改革，地方政府拥有相当的权利与中央政府抗衡，同时国有银行体系的管理体系使地方政府对地方分行拥有较大的影响力，而且在以GDP 考核为主的"晋升锦标赛"机制的约束下（周黎安，2007），地方政府具有发展当地经济的强烈冲动。因此，地区之间的经济竞争主要表现为银行分支机构的争夺。

在分权的体制下，"用手投票"或者"用脚投票"的自由选择是激励与约束地方政府行为的重要条件。但是在中国的政治体制下，地方政府并不需要为辖区内的居民负责，只需要为上一级政府负责并通过上一级政府的政绩考核。与中央政府需要在全国范围内同时考虑多重目标不同，地方政府的目标仅仅着眼于本地经济增长与财政收入的最大化。因此，各个地方政府都尽力让各类银行在本地设立分支机构，县域银行体系得以建立。地方政府会对县域银行体系进行行政干预，直接干预银行的信贷配置，掌握着监督管理权力与资源配置权利。伴随着银行体系向基层的快速扩张，地方政府与国有银行地方分行进行合谋，突破现有银行体制中的限制性条件，地区非银行类的金融机构开始急剧扩张，从而促使地区金融体系的风险逐渐累积。同时，各个地方政府都努力降低本地区与外界的关联，建立自给自足的、全面的经济与金融体系，从而大大加深了各地区之间金融资源的分割程度。因此，全国范围内的金融风险也处于不断加剧的趋势（张杰，1996）。

3.2.2　重新集权与县域银行体系的收缩

随着经济改革与金融改革的不断推进，县域内的国有银行与国有企业之间的依赖程度不断增强。由于地方政府对地方国有银行分支机构具有较大的影响力，地方政府将国有银行的大量信贷资源流向当地国有企业，对其实施救助。而且当地非银行类的金融机构与国有银行合谋实施不正当竞争。20 世纪 90 年代初期，由于国有企业的大量亏损，国有银行积累了大量的不良贷款。这些不良贷款使国家直接控制银行体系产生的收益付诸东流。中央政府对国有银行体系的安排，促使国有银行体系的规模急剧膨胀，在不同行政区划之间的委托代理层级过多。同时，由于地方政府对地方国有银行分支机构的行政干预，地方政府拥有与中央政府进行讨价还价与争夺金融资源的资格，导致中央政府直接控制银行体系的难度与成本大幅上升。改革初期，社会的货币化程度较低，货币化进程伴随着改革推进不断加深，从而为国家直接控制银行体系实现租金效用最大化提供了空间。然而，到 20 世纪 90 年代初期，社会货币化程度处于较高水平，继续进行货币化的规模报酬处于递减状况。因此，中央政府需要对直接控制银行体系产生的收益与成本进行评估，导致国家控制银行体系具有效用边界与约束机制。

随着中央政府直接控制银行体系的成本不断增长，其效用函数的结构也不断发生变化，租金偏好的权重下降，效率偏好的权重上升，中央政府的效用函数从改革初期的租金偏好逐渐转变为效率偏好。因此，中央政府于 1994 年进行分税制改革，将财政权力与金融权力上移，地方政府经济发展的部分权利被收回，使其缺乏足够力量与中央政府抗衡，促使整体金融产权效率与资源配置效率得到提升。中央政府颁布《中国人民银行法》与《商业银行法》等相关法律，将银行体系地方分支机构的资金融通权上移到总行层面，国有银行总行通过收回地方分行的信贷管理权、强化统一法人制度、加快推进国有商业银行的商业化改革进程，以及暂停地方金融机构的设立审批等措施，降低地方政府对银行体系的干预程度，约束地方政府在经济发展中的短视行为。

分税制改革规范了地方政府行为，但是也造成了地方政府的财政权力与事权责任之间的严重不匹配。尤其是 1997 年的亚洲金融危机与 2001 年中国加入 WTO 事件，中央政府进一步加强了对金融体系的监管，地方政府对国有银行的影响越来越弱，能够获取的金融资源远远无法满足地方经济发展的需求。在"晋升锦标赛"机制的约束下，地方政府为了推动当地的经济发展，仍然有追逐金融资源的强烈动机，必然控制更多的金融资源，使金融承担财政的部分职能，从而扭曲金融体系的激励机制，加剧了通过县域银行体系流出资金的趋势。中央政府的效用函数偏向效率后，开始进行制度改革整顿地方金融体系，地方政府的金融权利大幅度下降，县域银行机构数量迅速下降，银行体系开始收缩。

3.2.3　适度分权与县域银行结构性竞争的形成

在中央政府重新集权之后，对金融体系进行了改革，整顿了金融秩序，防范与化解中国金融体系内潜在的风险，降低了地方政府对国有银行地方分行的干预程度。由于中央政府重新集权，国有银行实施了垂直管理体制，精简了分支机构，使国有银行体系的委托代理链缩短，中央政府控制国有银行体系的成本降低。同时，地方政府对国有银行体系的干预程度降低，进一步降低了中央政府控制国有银行体系的成本。另外，还有为了整顿金融秩序付出的巨大社会成本。因此，中央政府需要重新评估金融体系改革的收益与成本。

鉴于上一阶段中央政府直接控制银行体系的成本不断降低，其效用函数的结构也不断发生变化，中央政府的效用函数需要重新在租金偏好与效率偏好之间找到一个新的平衡点。因此，中央政府的效用函数变为兼顾租金偏好与效率偏好的综合效用函数，即在兼顾规模扩张与提升资源配置效率的基础上，实施适度的金融分权。一方面，推动国有银行、城市商业银行以及农村信用社的股份制改革，降低地方政府对银行体系的干预程度。尽管大多数地方性银行的大股东为地方政府或地方政府控制的国有企业，但地方性银行的经营仍会受到地方政府的干预，不过中国银监会对银行业的监督与管理使地方政府干预的程度大大降低。另一方面，中央政府将村镇银行、小贷公司等新型农村金融机构的部分权利下放到地方政府，同时将典当行与担保公司等非存款类的准金融机构的监管权下放。这些金融权力的下放调动了地方政府发展地方金融的积极性。

在这一阶段，中央政府与地方政府进行博弈的重点领域在非银行类的金融机构。地方政府会通过隐性的方式，例如违规审批以及设立地方性金融机构等，不断从中央政府掠夺金融权力。就县域银行体系而言，扶持地方性银行就成为地方政府从银行体系内获取金融资源的应对措施，例如成立农村商业银行以及村镇银行等地方性金融机构。中央政府推动股份制商业银行以及城市商业银行在县域设立分支机构，希望通过商业化原则促进县域银行体系竞争机制的完善。在中央政府与地方政府对金融资源的争夺与博弈中，县域银行体系的机制不断完善，结构不断变迁，最终形成了当前结构性竞争的格局。

3.3　银行结构性竞争与经济发展的数理模型

本章构建一个包含两部门的内生经济增长模型。在这个模型之中，经济体是封闭的，完全竞争的企业生产最终产品，而同质性的银行机构则对企业信贷开展竞争。

3.3.1　个人

每个时代存在着年轻人与老年人两代人，其中年轻人无弹性地提供一个单位的劳动力赚取工资，其工资用于消费或者储蓄，老年人用年轻时代的储蓄与利息收入应对退休之后的消费支出。其中所有的个体都是相同的，并且经历过两个时代，L_t 表示年轻一代的个体数量。本章用 s_t 与 w_t 分别表示年轻一代的存款与工资，r_{t+1} 表示年轻一代的净利息收益率。

本章将年轻一代存入银行的储蓄总额定义为 a_t，同时假定年轻一代能够通过投资获取收益，为了简便化，假定通过投资银行股份获取收益。因此，年轻一代用于购买银行股份的支出为 v_t，即为银行在第 t 时期的股票价值。在第 $t+1$ 时期，年轻一代会收到银行的股票股息收益为 d_{t+1}。假定年轻一代的存款用于储蓄或者股票购买，即

$$s_t = a_t + v_t \tag{3-1}$$

本章假定所有个体都是价格接受者，并假定所有个体拥有固定跨期替代弹性的效用函数，可以表示为

$$u = u(c_t) = \frac{c_t^{1-\sigma} - 1}{1 - \sigma} + \beta \frac{c_{t+1}^{1-\sigma} - 1}{1 - \sigma} \tag{3-2}$$

其中，c_t 与 c_{t+1} 分别表示年轻一代在当前与老年时代的消费，σ 表示跨期替代弹性的倒数，β 为折旧率，其中 β 的取值范围为 0~1 之间。因此，年轻一代的预算约束分别为

$$w_t = c_t + s_t = c_t + a_t + v_t \tag{3-3}$$

$$c_{t+1} = (1 + r_{t+1}^e) a_t + v_{t+1}^e + d_{t+1}^e \tag{3-4}$$

其中，上标 e 表示期望值。根据无套利原则，个人的银行存款收益率应该等于所持股票收益率，因此收益率可以表示为

$$1 + r_{t+1}^e = \frac{v_{t+1}^e + d_{t+1}^e}{v_t} \tag{3-5}$$

本章可以通过公式（3-5）将公式（3-3）与公式（3-4）进行合并，从而得到个人的跨期预算约束为

$$c_t + \frac{c_{t+1}}{1 + r_{t+1}^e} = w_t \tag{3-6}$$

因此，本章联合公式（3-2）与公式（3-6）可以解决个人效用最大化的问题。在求解最优化的过程中，可以得到如下的储蓄函数，即

$$s_t = \frac{\beta^{\frac{1}{\sigma}}(1 + r_{t+1}^e)^{\frac{1}{\sigma}}w_t}{(1 + r_{t+1}^e) + \beta^{\frac{1}{\sigma}}(1 + r_{t+1}^e)^{\frac{1}{\sigma}}} \qquad (3-7)$$

3.3.2　企业

本章假定企业在市场中是处于完全竞争状态的，并且只利用资本的投入进行最终产品的生产，劳动力的投入在企业最终产品生产中为常数项。所有的企业采用相同的技术，其规模报酬递减，并且不受时间的影响。因此，本文构建如下内生经济增长模型：

$$Y(K_t) = AK_t^\alpha \qquad (3-8)$$

其中，$A>0$ 表示技术水平或者全要素生产率，K_t 代表资本投入水平，α 取值范围为 $0 \sim 1$。本文同时假定资本没有折旧率，最终产品的价格是统一的常数项。因此，企业最终利润能够表达为

$$\pi = Y(K_t) - R_t K_t \qquad (3-9)$$

其中，π 为企业的利润，R_t 为企业向银行借款所支付的利率。因此，企业利润最大化的一阶条件为

$$R_t = A\alpha K_t^{\alpha-1} \qquad (3-10)$$

因此，企业的资本投入 K_t 与贷款利率 R_t 存在着负向相关关系，与全要素生产率 A 存在着正向相关关系。

3.3.3　银行

本章假定银行在金融市场中处于古诺竞争状态。假定不同类型的银行是同质的，银行的数量 N 越大，表示银行业的竞争程度越大。银行在第 t 时期吸收存款，并在第 $t+1$ 时期以 r_{t+1} 的利率返还存款，同时第 t 时期向企业贷款，并在第 $t+1$ 时期以 R_{t+1}^e 的期望利率向企业收回贷款。因此，所有 i 个银行在第 $t+1$ 时期的期望收益可以被表示为

$$P_{i,t+1}^e = (1 + R_{t+1}^e)K_{i,t+1} - (1 - r_{t+1}^e)S_{i,t} \qquad (3-11)$$

其中，$K_{i,t+1}$ 表示所有 i 个银行在第 $t+1$ 时期的贷款额，$S_{i,t}$ 表示所有 i 个银行在第 t 时期吸收的存款额。模型假定，所有银行均将其吸收到的所有存款用于企业形成资本所需要的贷款，即

$$K_{i,t+1} = S_{i,t} \qquad (3-12)$$

因此，可以将公式（3-11）改写为

$$P^e_{i,\,t+1} = (R^e_{t+1} - r^e_{t+1})K_{i,\,t+1} \tag{3-13}$$

由于银行的贷款总额与其资产总额是相等的，且所有的银行是同质的。因此，在第 t 时期，所有 i 个银行的贷款额在银行之间是相等的，即

$$K_{i,\,t+1} = K_{t+1}/N \tag{3-14}$$

其中，N 是不同类型银行的数量。由于银行同质，因此各个银行的利润也是相等的，可以将公式（3-13）进行变换，即

$$P^e_{i,\,t+1} = (R^e_{t+1} - r^e_{t+1})K_{t+1}/N \tag{3-15}$$

本章假定银行的所有利润用于支付股息，即 $P_{t+1} = d_{t+1}$。公式（3-5）可以改写为

$$v_{i,\,t} = \frac{P^e_{i,\,t+1} + v^e_{i,\,t+1}}{1 + r^e_{t+1}} \tag{3-16}$$

在古诺竞争下，银行能够通过资本市场选择调节贷款额从而影响存款利率。因此，银行的存款利率能够表示为贷款额的函数形式，即

$$r_{t+1} = r(K_{t+1}) \tag{3-17}$$

银行追求股票价值的最大化，其最优化问题可以表示为

$$\max v_t = \frac{[R^e_{t+1} - r(K_{t+1})]K_{i,\,t+1} + v^e_{i,\,t+1}}{1 + r(K_{t+1})} \tag{3-18}$$

银行股票价值最优化的一阶条件为

$$(R^e_{t+1} - r^e_{t+1} - r_K K_{i,\,t+1})(1 + r_{t+1}) - [(R^e_{t+1} - r^e_{t+1})K_{i,\,t+1} + v^e_{i,\,t+1}]r_K = 0 \tag{3-19}$$

将公式（3-19）与公式（3-14）、公式（3-16）进行并列与变换，能够得到

$$R^e_{t+1} - r^e_{t+1} - r_K\left(\frac{K_{t+1}}{N} + v_{i,\,t}\right) = 0 \tag{3-20}$$

同时结合公式（3-1）与公式（3-12），可以将上式改写为

$$R^e_{t+1} - r^e_{t+1} - r_K s_t/N = 0 \tag{3-21}$$

3.3.4　一般均衡求解

提供最终产品企业的生产函数 $Y(K_t)$ 为

$$Y(K_t) = AK_t^\alpha$$

银行发放的贷款额度与吸收的存款额度相等。商品市场的均衡应该表达为

$$Y_t + K_t = c_t + s_t - v_t \qquad (3\text{-}22)$$

资本市场达到均衡时，银行在第 t 时期吸收的总储蓄等于在 $t+1$ 时期向企业发放的总贷款。因此，资本市场达到均衡的条件能够表达为

$$K_{t+1} = S_t - V_t \qquad (3\text{-}23)$$

从公式（3-7）中可知，储蓄 s_t 是 w_t 和 r_{t+1} 的函数，同时银行之间是同质的。因此，本章可以能到每个资本市场的均衡条件，即为

$$s(w_t,\ r_{t+1}) = k_{t+1} + v_t \qquad (3\text{-}24)$$

同时将公式（3-7）代入到上式中，可以得到

$$(1 + n)k_{t+1} = \frac{\beta^{\frac{1}{\sigma}}(1 + r_{t+1}^e)^{\frac{1}{\sigma}} w_t}{(1 + r_{t+1}^e) + \beta^{\frac{1}{\sigma}}(1 + r_{t+1}^e)^{\frac{1}{\sigma}}} k_t - v_t \qquad (3\text{-}25)$$

在内生经济增长模型中，资本需求等于资本供给，而资本供给取决于储蓄函数，存款利率的增加能够提高资本供给水平。贷款利率与存款利率不直接相关，正如公式（3-10）中所述，贷款利率与资本需求负相关。因此，贷款利率会与存款利率负向相关。

由于本章假定所有银行都是同质的，因此所有银行的利润也都是相同的。可以将公式（3-16）改写成

$$v_t = \frac{(R_{t+1} - r_{t+1})K_{t+1}/N + v_{t+1}}{1 + r_{t+1}} \qquad (3\text{-}26)$$

联立公式（3-25）与公式（3-26），可以得到资本存量与银行股票价值的两个动态方程，分别为

$$v_{t+1} = (1 + r_{t+1})v_t - (R_{t+1} - r_{t+1})K_{t+1}/N \qquad (3\text{-}27)$$

$$K_{t+1} = \varphi K_t - Nv_t \qquad (3\text{-}28)$$

其中，$\varphi = \beta^{\frac{1}{\sigma}}(1 + r_{t+1})^{\frac{1}{\sigma}} A(1 - \alpha)/\left[(1 + r_{t+1}) + \beta^{\frac{1}{\sigma}}(1 + r_{t+1})^{\frac{1}{\sigma}}\right] = s_t/K_t$。

3.3.5　主要结论

本章主要研究银行结构性竞争如何影响经济增长率。由于需要研究存款利率与贷款利率如何影响经济增长率，因此，在本节中重新定义一个变换变量，令 $\gamma = v_t/K_t$，可以得到如下公式

$$\frac{\gamma_{t+1}}{\gamma_t} = \frac{K_t}{K_{t+1}} \frac{v_{t+1}}{v_t} \qquad (3\text{-}29)$$

在平衡增长的路径下，γ_{t+1}/γ_t 是统一的且为稳态值。此后，本章用 g 表

示 K_t 与 v_t 的共同稳定增长率，其中 φ 为常数，并且省略所有的时间下标。因此，重新变换稳定增长路径中的公式（3-27）和公式（3-28），我们得到以下方程式：

$$1 + r = \frac{(R - r)g}{N\gamma} + g \tag{3-30}$$

$$g = \varphi - N\gamma \tag{3-31}$$

将公式（3-31）代入公式（3-30）中，能够得到下列的关于 g 的二次方程：

$$g^2 - (1 + R + \varphi)g + (1 + r)\varphi = 0 \tag{3-32}$$

本章定义一个函数 $F(g) = g^2 - (1 + R + \varphi)g + (1 + r)\varphi$，当经济处于稳态时，应该令 $F(g) = 0$。为了进一步简化该问题，假设 $F(g)$ 有两个真实的解。当 $F(0) = (1 + r)\varphi > 0$，当 $F(\varphi) = -(R - r)\varphi < 0$。因此令 $F(g) = 0$，则 g 的取值在 $0 \sim \varphi$ 的范围内。本章可以通过二次方程求解公式求解出公式（3-32）中 g 的取值，即

$$g = g(R, \varphi, r) = \frac{1}{2}(1 + R + \varphi - X) \tag{3-33}$$

其中，$X = \sqrt{(1 + R + \varphi)^2 - 4(1 + r)\varphi}$。尽管从公式（3-33）中可以看出，$R, \varphi, r$ 是内生于 g 的，但是本章仍然将这三个变量作为外生变量进行分析。这样能够更加清楚地展示出随着存款利率、贷款利率以及储蓄率上升如何影响稳态经济增长率的。

进一步利用公式（3-33）对 r 与 R 分别进行求导，可得

$$\frac{\partial g}{\partial r} = \frac{1}{2}\left(\frac{\partial \varphi}{\partial r} - \frac{\partial X}{\partial r}\right) = \frac{1}{2}\left[\varphi_r + \frac{1}{2}\frac{2(1 + R + \varphi)\varphi_r - 4\varphi - 4(1 + r)\varphi_r}{X}\right]$$

$$= \frac{1}{2}\left\{\left[1 - \frac{1 + R + \varphi - 2(1 + r)}{X}\right]\varphi_r + \frac{2}{X}\varphi\right\} > 0 \tag{3-34}$$

$$\frac{\partial g}{\partial R} = \frac{1}{2}\left[1 - \frac{1}{2}\frac{2(1 + R + \varphi)}{X}\right] = \frac{1}{2}\left[1 - \frac{(1 + R + \varphi)}{X}\right] < 0 \tag{3-35}$$

因此，根据公式（3-34）与公式（3-35）可知，存款利率 r 的上升能够提升经济的稳态增长率，贷款利率 R 的下降能够提升经济的稳态增长率。

本章将进一步研究银行数量，即银行竞争程度对经济稳态增长率的影响。在稳态增长路径下，贷款利率可以用存款利率进行表示，即

$$R = \frac{1 + \varphi N}{\varphi N} r \tag{3-36}$$

其中，$\varphi = \dfrac{\left(\dfrac{1}{\sigma} - 1\right) r}{1 + r + \beta^{\frac{1}{\sigma}}(1 + r)^{\frac{1}{\sigma}}}$，这是储蓄的存款利率弹性。本章令 r 是

N 的函数，对公式（3-36）两边同时进行求导，可得

$$[1 + \varphi N + \varphi'(r) N r] dr + \varphi r dN = R[\varphi'(r) N dr + \varphi dN]$$

等价变换可得

$$\frac{dr}{dN} = \frac{r}{N \left[1 + \varphi N - \dfrac{\varphi'(r)}{\varphi} r \right]} \tag{3-37}$$

其中，$1 - \dfrac{\varphi'(r) r}{\varphi} = \dfrac{r \left[1 + \dfrac{1}{\sigma} \beta^{\frac{1}{\sigma}}(1 + r)^{\frac{1}{\sigma} - 1} \right]}{(1 + r) + \beta^{\frac{1}{\sigma}}(1 + r)^{\frac{1}{\sigma}}} > 0$，因此，$\dfrac{dr}{dN} > 0$。这表明

银行数量的增多，即银行竞争程度的增加有利于提高存款利率。

进一步，公式（3-36）的左边对 N 进行求导，可得

$$\frac{dR}{dN} = \frac{1}{\varphi N} \frac{dr}{dN} - \frac{r}{N^2} + \frac{dr}{dN} = \frac{dr}{dN} \left(\frac{1}{\varphi N} + 1 \right) - \frac{r}{N^2} \tag{3-38}$$

将公式（3-37）代入公式（3-38）中，可得

$$\frac{dR}{dN} = \frac{r}{N \left[1 + \varphi N - \dfrac{\varphi'(r)}{\varphi} r \right]} \left(\frac{1}{\varphi N} + 1 \right) - \frac{r}{N^2} = \frac{r}{N^2} \left(\frac{1 + \varphi N}{\varphi + \varphi^2 N - \varphi'(r) r} - 1 \right) < 0$$

$$\tag{3-39}$$

上式（3-39）表明银行数量的增多，即银行竞争程度的增加有利于降低贷款利率。因此，结合公式（3-34）、公式（3-35）以及公式（3-38）、公式（3-39）可知，随着银行数量的增多，即银行竞争程度的增加，存款利率得以上升，贷款利率得以下降，进而提升了经济的稳态增长率。

在前文中，为了简便的考虑，假定银行数量是外生给定的。本章将这一条件进行放松，将银行数量内生化，考虑能够有成本的自由进入银行业。我们考虑银行可以在自由地进入市场之后，每个周期均需要支付运营成本，同时也包括监管机构检查所花费的时间机会成本。在这里将成本定义为 θ，它可以解释为对新进入银行的威慑强度。因此，在自由进入的均衡中，银行在每个时期的利润应等于运营成本，即

$$(1 + R_{t+1})K_{i, t+1} - (1 - r_{t+1})S_{i, t} = \theta K_{i, t+1} \qquad (3\text{-}40)$$

由于 $K_{i, t+1} = S_{i, t}$。可以将公式（3-40）进行变换与简化，得到

$$R_{t+1} - r_{t+1} = \theta \qquad (3\text{-}41)$$

从公式（3-37）可知存款利率 r 是银行数量 N 的单调递增函数，从公式（3-39）可知贷款利率 R 是银行数量 N 的单调递减函数。因此，公式（3-41）的左边是银行数量 N 的递减函数，这表明了成本 θ 内生决定了银行数量 N。在这里，可以将这种关系表达为

$$N = N(\theta) \qquad (3\text{-}42)$$

其中，$dN/d\theta < 0$。因此，可以得到，自由进入的成本 θ 越小，经济的稳态增长率越高。

3.4　基本假设

银行结构性竞争影响县域经济发展的理论支撑主要是以产业组织理论为基础的"市场力量假说"以及以信息经济理论为基础的"信息假说"。市场力量假说认为银行业拥有垄断势力将会导致信贷供给不足以及利率较高，从而导致无效均衡以及社会损失，提高银行的竞争程度有利于缓解企业的融资约束、提高企业的贷款可获得性，从而促进经济增长。银行竞争程度的提高对经济增长的影响途径主要为四个方面。第一，银行竞争程度的提高直接有利于降低企业的贷款利率。第二，银行竞争程度的提高有助于降低交易成本。企业为获得银行贷款，需要通过正式（如邀请对方实地调研）或非正式（如邀请吃饭、娱乐等）的活动形式，这些活动的成本是贷款交易成本的重要部分。随着竞争程度的提高，银行能够主动搜寻信息。第三，银行竞争程度的提高有助于银行提高经营效率与提升服务质量，并且迫使银行加强对贷款项目的事前甄别与事后监管。第四，银行竞争程度的提高有助于银行主动深入地研究企业。大多数中小企业缺乏足够的抵押品以及规范的财务制度，竞争性的银行结构使银行的贷款决策不仅依赖于抵押品以及财务报表等"硬信息"，同时也关注企业家能力以及发展潜力等"软信息"，有助于中小企业获取融资。

"信息假说"认为具有垄断势力的银行更容易与当地企业形成长期合作关系，具有更强烈的激励动机去搜集软信息（如企业家的经营能力、声誉等），缓解双方信息不对称问题，并且拥有更多的契约工具对贷款行为进行甄别以及监督，而竞争性的银行结构会阻碍银企合作，破坏关系型借贷行

为，从而降低中小企业的信贷可获得性。一般而言，大部分中小企业成立时间较短，当前的财务状况较差，但是存在着未来较强盈利能力的可能性。Petersen 和 Rajan（1995）认为，当银行业处于竞争状态时，具有发展潜力的中小企业可能会被多家银行机构发现，因此一家银行机构为了挖掘具有发展潜力的中小企业的机会成本较高，从而导致银行的信贷决策行为可能较为短视，决策更加依赖于当前的财务状况，弱化了银行机构获取软信息以及甄别风险的激励动机。而大部分中小企业的财务状况较差，其融资需求可能不会被满足。只有当银行业处于垄断结构时，银行挖掘中小企业的信息能够产生价值，银行能够通过设计合理的契约，与企业进行长期合作获取高额利润。具体而言，银行在当期以较低的贷款利率向中小企业放贷，支持中小企业的发展，在未来中小企业发展到一定程度，财务状况较为良好时，提高贷款利率，获取前期的风险补偿收益。因此，具有垄断结构的银行业有助于缓解中小企业的融资约束，有利于地区经济发展。

无论是市场力量假说还是信息假说，在探讨银行结构性竞争的作用机制时，均深入地分析与探讨了银行的动机与行为，而且银行的动机、行为与企业的异质性存在密切的关联。Berger 和 Udell（1995）提出了企业的"硬信息"与"软信息"相关概念并进行了概念界定。"硬信息"是指企业的信用记录以及财务报表等易于获取与验证的信息，"软信息"是指企业的管理者能力等不易量化与观察的信息。不同类型企业的"硬信息"与"软信息"禀赋结构存在着差异性，导致企业的融资优序不同。一般而言，大型企业拥有充足的抵押品、严格审核过的财务报表以及良好的信用水平等，其"硬信息"较为透明，而中小企业大多成立时间较短，缺乏抵押品以及规范的财务报表等，更多依赖于提供企业家才能等"软信息"。因此，融资优序更容易出现在中小企业以及非国有企业之中，而非融资渠道较多且融资成本较低的大型企业与国有企业。Stein（2002）根据不完全契约理论（GHM 理论），认为关系型借贷行为是中小企业的重要融资方式。相对于大型银行而言，中小银行的组织层级较少，具有关系型借贷的比较优势，从而验证了小银行优势假说，即大型银行为大型企业提供融资、小型银行为中小企业提供融资。虽然市场力量假说与信息假说均有实证研究结果给予支撑，但是绝大多数的文献支持市场力量假说，市场力量假说认为竞争性的银行结构更加有利于经济增长。

3.4.1 银行结构性竞争与县域资金外流

中央政府鼓励股份制商业银行、城市商业银行设立异地分支机构，并且在试点设立村镇银行，促使县域形成了多层次的竞争性银行体系。在银行准入管制政策放松之前，国有商业银行逐渐收缩县及县以下的分支机构，经营重点转向中心城市、重点项目和大型企业，县域内的银行市场结构是以农村信用社为主的垄断性结构。无论是县域内已有的农信社，还是新设立的村镇银行以及城市商业银行，均属于规模较小的银行，其信贷决策更加依赖于企业的软信息。银行准入管制政策放松引致的竞争机制，不仅不会破坏原有农村信用社的关系型借贷，还有利于改进农村信用社的经营效率，策略性地加大"软信息"的搜集与甄别力度、增加关系借贷投资，这种做法往往是在位小银行应对市场竞争的战略选择。因此，县域银行准入管制的放松引致县域内银行分支机构的增多，加强了县域内的银行市场竞争，进而有利于信贷的本地投放，抑制了县域资金外流。

虽然，银行准入管制政策放松形成了多层次的银行体系，从而引致的市场竞争机制有利于抑制县域资金外流，但是，这种多层次银行体系中不同类型银行机构对县域资金外流的影响是存在差异性的。根据上文对县域内不同类型银行经营行为的描述可知，国有商业银行对县域的信贷投入减少，其吸纳的存款通过上存与投资的方式流向大城市，对县域资金表现为"抽水机"效应；邮政储蓄银行长期植根于县域与农村地区，能够满足县域的信贷需求，从而缓解县域资金外流，但同时作为全国性的商业银行，采取一级法人制，授信是在总行范围内展开的，具有"大银行"的弊端，可能不利于缓解县域资金外流；农村信用社与村镇银行同样植根于县域与农村地区，其规模偏小，根据"小银行优势"理论，小银行的内部组织层级较少、与目标客户的实际距离较近，在处理"软信息"和关系借贷投资方面更具有优势。因此，本书提出如下假设：

假设一：银行结构性竞争有利于抑制县域资金外流。

假设二：国有商业银行的占比越高，银行结构性竞争对县域资金外流的抑制作用越弱。

假设三：邮政储蓄银行的占比越高，银行结构性竞争对县域资金外流的具体作用越不确定，需要经过实证检验得出准确的结论。

假设四：农村信用社与村镇银行的占比越高，银行结构性竞争越能够抑制县域资金外流。

3.4.2　银行结构性竞争与县域产业发展

众所周知，产业发展离不开产业内的企业成长。当银行拥有垄断势力时，企业在信贷市场处于弱势地位，为了获取信贷资源，需要通过正式（如邀请对方进行考察）或非正式（如宴请以及休闲娱乐等）的方式，与银行方沟通交流，寻求并稳固自身与银行之间的合作关系。这些方式产生的成本是企业信贷交易成本的重要部分。伴随着银行结构性竞争程度的加剧，银行对企业相关信息没有进行充分的调查与了解，盲目地争夺目标企业，这种盲目性会使银行有可能将信贷资源流向低质量的企业，进而落入"赢者诅咒"困境遭受到损失。银行为了避免陷入"赢者诅咒"的困境，会更加积极主动地搜集与挖掘企业的软信息。另外，随着银行竞争程度的增强，银行面临的绩效压力将会越来越大，银行为了避免因绩效压力导致的利益受损，同样需要积极主动地搜集与挖掘企业的软信息，从而制定出相对合理的信贷决策。因此，无论是银行为了避免陷入"赢者诅咒"的困境，还是避免因绩效压力导致的利益受损，都需主动地搜集与挖掘企业的软信息，这种行为有利于降低信息的不对称，有利于降低企业的交易成本。

银行结构性竞争程度的增强有助于提升信贷可获得性，其途径主要有三个。第一，当银行体系内的竞争程度增强时，有利于信贷资源供需均衡水平的提升，从而有利于降低贷款利率。第二，银行竞争程度的提高有助于银行提高经营效率与提升服务质量。银行机构面对竞争压力会迫使自身更加深入了解与分析申请企业的相关情况，同时加强贷款项目的事前甄别、相关评估与事后监管。在竞争性的银行体系中，银行机构首先会重点关注申请企业的财务状况、信用记录以及抵押品等硬信息，如果申请企业的相关硬信息并没有达标，竞争环境中的绩效压力会迫使银行偏向关注申请企业的企业家能力以及未来的盈利潜力等软信息。第三，如果企业向银行申请信贷的过程中存在腐败行为，企业为了获得银行贷款除了按照契约支付利息之外，还负担契约之外隐性的潜规则支出，那么银行结构性竞争程度的增强有助于缓解这种腐败行为，从而降低企业的交易成本。因此，本书提出假设五。

假设五：银行结构性竞争能够促进产业发展，主要是通过降低微观企业的交易成本与提高其信贷可获得性实现的。

尽管有证据表明民营企业和中小企业的效率要优于平均水平，但是其在获取银行信贷时仍然遭受"所有制歧视"与"规模歧视"。由于企业的所有制与规模的差异，银行结构性竞争对企业的作用会存在着差异性。对于国有企业而言，由于政府控制下的金融体系偏好以及预算软约束，其更加容易获得以银行为主体的信贷支持，因此，国有企业为了获取信贷而产生的交易成本较低，信贷可获得性较高。对于非国有企业而言，其在市场上存在着诸多限制，例如融资以及准入等，同时与银行存在着较为严重的信息不对称问题，为了获取信贷产生的交易成本较高，且信贷可获得性较低。当银行管制放松后，银行结构性竞争增强，交易成本较高、信贷可获得性较低的非国有企业能够从中获益更多。

林毅夫等（2009）在已有研究证据的基础上，提出了最优银行业结构理论，指出不同规模的企业具有不同的企业特质与融资需求，不同规模的银行具有不同的比较优势与贷款决策，只有企业的特质与银行的比较优势相匹配时，企业的融资需求才会得以满足。大企业的硬信息较为充足，如资产抵押、财务报表等，信息不对称程度较低，而中小企业的硬信息稍显薄弱，信息不对称程度较高。当银行管制放松之前，县域内银行体系更多是以国有大型银行为主，国有大型银行更加偏向于能够提供硬信息的大企业，而非中小企业。因此，相较于大企业而言，中小企业面临的交易成本较高，且信贷可获得性较低。当银行管制放松后，在县域的银行体系中，国有商业银行比重降低，中小银行占比不断提高，根据林毅夫等（2009）的最优银行业结构理论，中小企业会得到更多益处，其交易成本降低、信贷可获得提升。因此，本书提出假设六。

假设六：相对于国有企业与大企业而言，银行结构性竞争对企业交易成本与信贷可获得性的作用在民营企业与中小企业中更为显著。

3.4.3　银行结构性竞争与县域经济增长

根据传统的经济增长模型可知，全要素生产率与资本存量是经济增长的主要驱动力。根据上文可知，银行结构性竞争能够有效地降低企业的贷款利率，同时结合公式（3-10）可知，资本投入与企业贷款利率呈现负相关关系，因此，银行结构性竞争能够提高资本存量。另外，银行结构性竞争能够提升全要素生产率且依赖于企业创新。研发型企业具有两个特征：第一，企业在保持持续创新活动中，会产生大量机密的私有信息，在信贷市场上面临着更为严重的信息不对称与交易成本问题，从而具有更强的银企关系黏性与更低的需求价格弹性；第二，它们在经营过程中资金需求周期更长、生产工序更复杂，表现出更为严重的财务风险，但是它们具有长远的营利性与可观的预期回报率，更有能力支付高昂的信息租金。这些特征决定了研发型企业的融资需求，即融资金额大、周期长、风险高以及信息不透明。

银行结构性竞争能够提升企业的信贷可获得性，尤其是高效率企业。企业获得更多的信贷资源，会通过两个方面促进自身的创新：第一，未从事创新的企业进入创新部门的概率将会提高；第二，在位企业会激励自身持续进行创新活动。当企业获得信贷资源后，缓解了自身的融资约束，企业为了保证自身能够持续发展，有动力购买硬件设施和雇佣研发人员等，从事与企业业务相关的创新活动，从而促进企业创新。越来越多的企业从事相关的创新活动，行业内的创新竞争不断增加，在位企业为了应对这种竞争压力，会激励自身持续不断地加大创新投入力度，从而促进企业创新。因此，银行结构性竞争程度的增强能够激励企业创新，从而提高全要素生产率。因此，本书提出假设七。

假设七：银行结构性竞争能够促进经济增长，主要是通过提高资本存量与全要素生产率实现的。

3.4.4　银行结构性竞争与县域经济高质量发展

生产要素的相对价格是企业选择投入要素的种类与多寡的重要参考因素。假设市场中只存在劳动与资本两种生产要素，当市场环境没有发生任何改变的时候，企业会选择一定的劳动与资本投入比例，使得要素边际成本与要素边际收益相等，从而实现收益的最大化。但是当银行结构性竞争程度增强之后，信贷利率会降低，即资本要素相对于劳动要素的价格得到下降。当资本要素的相对价格降低时，企业更愿意利用相对廉价的资本要素替代劳动要素，从而使企业对两种生产要素的使用比例达到新的均衡水平。因此，银行结构性竞争会促进企业加大资本的投入力度，各个企业均加大利用资本要素，会加速资本深化的过程。

如果生产要素的相对价格受到政府的不当干预，生产要素的价格机制会扭曲，这种扭曲的价格机制导致生产要素的流动发生异常，从而造成资源错配。资源错配对经济发展产生阻碍，主要体现在效率的损失。虽然政府推动的一系列改革措施从客观上促使县域银行分支机构数量增多，进一步引致银行结构性竞争程度的增强，但是信贷利率的降低以及交易成本的下降等也是由银行竞争程度增强这一市场机制诱发的。因此，县域内的资本深化过程是由市场诱发并且推动的。企业发生了资本深化，必然更多地使用资本的技术，从而带来了偏向资本的技术进步。这种由市场诱发的资本深化与偏向型技术进步是相适宜的，大量研究表明资本深化程度与偏向型技术进步相匹配时，有利于全要素生产率的提升与经济结构转型。

根据国际分工体系与全球价值链理论，学者们一致认为产业只要通过创新实现了在价值链上的攀升，就是实现了产业结构升级。产业是企业集群的加成，产业结构升级最终需要依赖于产业内微观企业提升其技术复杂度实现。技术复杂度较高的产业，需要较高的技术投入率，产业相关技术的更新速度较快，研发强度较高。企业提升技术复杂度的最优决策就是实现技术进步，其路径选择主要为自主创新和技术进步。企业实现自主创新需要依靠创新知识的持续性积累。技术引进需要企业引进技术，企业能够通过对现有引进技术的消化吸收，进行进一步创新。无论是自主创新还是技术引进，企业均需要充足的资金支持。

当缺乏银行结构性竞争，即银行拥有垄断势力时，银行的优质客户相对较多，银行不会主动搜集与分析企业，并且创新活动的相关信息具有先天排他性，企业会保证创新活动相关信息不外泄，因此银行会丧失这部分优质企业。另外，即使银行了解企业的创新活动相关信息，由于创新活动前景的高度不确定性，为了避免自身利益受损，银行并不会给予企业创新的信贷支持。但是，伴随着银行结构性竞争的加剧，研发型企业在信贷市场的弱势地位得以改变。银行会有激励动机去搜集与挖掘企业的软信息，在短时间内通过专业化效应以较低的甄别成本识别风险，并且建立密切的银企关系，同时有效地将研发信息进行保密，维护银行自身的利益。随着竞争程度的不断持续，创新活动的信贷资源会不断地流入企业，企业会持续不断地加大创新投入，进而提升整体产业层面的创新产出。因此，银行结构性竞争加剧使得大量资本流入企业创新活动之中，引起了产业间资源配置的优化调整，同时创新活动带来的技术溢出效应，产生了积极的外部性效应，最终推动了产业结构升级。资源在不同产业间的流动与配置，引导生产要素流向更高梯度的产业以及主导产业的升级，从而促进整体经济的高质量发展。

当银行结构性竞争缺失时，银行管理层升职的激励机制引导信贷资源优先流向国有企业，而非民营企业或者优质企业，从而导致了金融所有制歧视与效率低下。但是伴随着竞争程度的加剧，一方面，银行将信贷资源给予国有企业所获取的收益相对有限，迫使银行不得不在民营企业中寻找相对优质的企业。当银行产生了搜寻优质企业的激励动机时，会提升甄别优质企业的能力，从而促使信贷资源流向民营企业或者高效率的企业。另一方面，银行给予高效率的企业信贷资源后，为了降低信贷的违约风险，会加强对企业的监管作用。银行对企业经营行为的监督，能够有效地抑制管理层对信贷资源的不合理使用，降低企业的财务风险，从而增强企业的盈利能力与提高生产率。

从企业方面来说，一方面，行业内的高效率企业在获得信贷资源后，为了能够持续获取信贷支持以及维持或者进一步提升其市场份额，会努力约束管理层的经营行为与提升管理效率，加大创新投入，继续提升企业的全要素生产率，从而稳固自身竞争优势。另一方面，低效率的企业由于无法获取信贷资源或者获取的信贷资源较为有限，无法通过加大创新投入或者扩大生产维持其原有的市场份额，其市场份额将逐渐被新的企业以及高效率企业蚕食，企业收益持续降低，最终因无力与高效率企业展开竞争，被迫退出该行业。在市场机制的过程中，银行结构性竞争只是承担了优胜劣汰的"催化剂"功能。具体来说，高效率企业在获得更多的信贷资源之后，提升了创新的概率与创新的产出，进一步提升了企业的全要素生产率；低效率企业由于银行无法给予或者只能缩减信贷资源，则被加速淘汰。银行结构性竞争的增强有利于信贷资源从低效率的企业流向高效率的企业，优化了资本配置结构，提高了资本配置效率。国内外大量文献证实了生产要素资源从低效率的企业流向高效率的企业后，整体的全要素生产率水平能够得到明显提升。因此，本书提出假设八。

假设八：银行结构性竞争能够促进经济高质量发展，主要通过资本深化、产业结构升级以及提高资源配置效率三种途径实现。

3.5　本章小结

为了保证本书的研究过程更加严密，本章在统一的逻辑框架下探讨银行结构性竞争对经济发展的理论框架，为后文的具体实证研究过程展现清晰的理论机制。本章第一节中，首先，界定了银行结构性竞争的内涵，并讨论了银行结构性竞争下县域不同类型银行的经营行为；其次，探讨了当前县域银行结构性竞争形成的内在逻辑；再次，本书构建了一个包含两部门内生经济增长的模型，通过数理推导探讨银行结构性竞争如何影响经济增长，发现银行结构性竞争能够通过提高存款利率与降低信贷利率提高经济增长率；最后，结合绝大多数实证文献支持的"市场势力假说"，从微观与宏观层面探讨银行结构性竞争的作用机制，总结银行结构性竞争对县域资金外流、产业发展、经济增长与高质量发展的作用机理与具体影响路径，并且提出本书的相关假设，为后文中进一步实证研究奠定理论基础。

第4章　县域银行结构性竞争的变迁、测算及特征分析

研究银行结构性竞争对县域经济发展的影响，既要从理论上分析银行结构性竞争的经济效应，还要掌握银行结构性竞争的历史变迁、现状与变化趋势。改革开放以来，中国的银行业经历了多次改革，县域银行结构也随之逐渐变迁，尤其是近年来放松银行的市场准入，这些改革措施必然使县域银行结构性竞争程度发生较大变化。由于数据可得性的限制，既有文献对银行结构性竞争的测度往往固定在省级层面或者采取总量指标进行简单的近似替代，这些衡量方法会产生明显的偏误。因此，本章围绕县域银行业结构的变迁历程以及结构性竞争的测算方法进行研究，进而分析县域银行业结构的变迁历程、基本情况以及银行结构性竞争的特征。

4.1　县域银行业结构的变迁历程

金融体系是现代经济体系的核心，既有大量文献从理论与实践上研究金融与经济增长的关系，众多学者普遍认同金融部门在长期经济发展中的重要地位。中国的金融体系是以银行业为主导的，2019 年年末的金融业机构总资产为 318.69 万亿元，其中银行业机构总资产为 290 万亿元，占比高达 91%，银行业是企业进行外源融资的最主要渠道。本节主要介绍银行业结构的变迁历程，以及分析银行结构性竞争的现状。当前中国的银行业体系是由中国人民银行、政策性银行、国有商业银行、城市商业银行、村镇银行以及农村信用社等组成的多层次的银行业体系。这种银行体系的结构是伴随着中国经济渐进式改革的步伐不断变化的，县域银行业结构也随之不断变迁。

新中国成立以后，中国按照苏联模式进行构建经济体制，实施高度集中的计划经济体制，这要求国家内部的经济资源实现统一的调配。在计划经济体制下，银行体制同样需要集中统一，中国人民银行是银行体系内唯一的一家银行。银行作为国家控制金融资源的有效工具，需要配合政府经

济计划的实施，除了中国人民银行以外，政府并不需要拥有其他的银行机构。农村信用社、农业银行以及金融机构农村营业所作为中国人民银行的三个分支机构，居于县域银行业的垄断地位。随着改革开放的不断推进，县域银行业不断进行深刻调整，其结构也逐渐发生变迁，变迁历程具体来说可以分为如下几个阶段。

4.1.1 县域的现代银行体系初步建立 （1979—1993 年）

改革开放以后，经济体制改革不断推进，为了支持经济的快速发展，银行业也进行了改革。在这一阶段，主要是推动仅仅存在中央银行的单一银行结构向中央银行与专业银行并重的二元银行结构进行转变，在这一过程中，主要是将传统的现金结算以及存贷款业务从中国人民银行剥离出去。1979 年 2 月，中国农业银行恢复运营，主要业务是为涉农部门提供信贷服务。同年 3 月，中国银行总管理处从中国人民银行内部分离出来，单独成立为中国银行，主要负责对外贸易项目以及管理全国外汇业务。1983 年 4 月，中国建设银行从财政部中分离出来恢复成立，主要向基础设施以及城市住房等建设项目提供金融服务。1983 年 9 月，国务院颁布了《关于中国人民银行专口行使中央银行职能的规定》，确定了中国人民银行的中央银行定位。1984 年 1 月，中国工商银行成立，主要向城市工商业提供金融服务。四大国有专业银行全部成立，行使支付清算与信用中介、提供金融服务的功能，中国人民银行行使中央银行的职能。至此，中国的银行业结构变成了中央银行与国有专业银行同时存在的二元银行结构。

改革开放后，农村金融合作基层单位变为农村信用社。农村信用社虽然并不属于中国农业银行，但是仍然受到中国农业银行的管辖与领导，中国农业银行能够决定农村信用社的信贷规模、人事管理和资金价格等方面。因此，农村信用社的本质仍然是中国农业银行的基层业务单位。

由于家庭联产承包制将长期束缚的农村生产力释放出来，农村劳动的积极性与生产率都得以大幅度提升，农业生产也逐渐向专业化、工业化进行转变，农村个体私营企业逐渐兴起，农村的金融需求日益增长。但是，在 1984 年之后，中国的经济发展重心逐渐向城市转移。在此期间，在农村金融需求日益增长的背景下，四大国有银行逐渐向县域延伸，进入农村市场。虽然四大国有银行对县域与农村经济提供了一定的金融支持，但实际上，更多的是从县域以及农村市场吸收存款，为城市经济发展进行资金支持服务。这种情况在邮政储蓄银行出现后更加凸显。1984 年 4 月，邮政储蓄银行在全国各地举行大额存款的活动，并建立了邮政储汇局，针对性地管理存取款等业务。由于邮政储蓄银行仅有存款业务，并无贷款业务，县域与农村资金流失加剧，县域以及农村的信贷需求无法得到有效满足。

在这一阶段中，县域银行业虽然已经具备了产业形态，形成以四大国有专业银行为主导、农村信用社以及邮政储蓄银行为基础的银行业结构，但是并不健全，竞争机制也并未形成。四大国有专业银行的分工明确，各自业务并不存在交集，而且也不存在其他形式的金融机构与之竞争，在各自业务领域处于垄断状态，导致缺乏完善的治理机制以及市场化的经营行为。四大国有专业银行仍然由政府主导，其信贷决策更多依赖于政府行政命令，信贷资源更多地流向低效率的、不适应市场经济的国有企业，导致不良贷款增多，经营风险变大。农村信用社作为中国农业银行的基层业务单位，同样隶属于国有金融机构。而邮政储蓄银行在县域层面仅吸收存款，并不进行贷款业务。因此，虽然形式上县域银行业的集中程度下降了，但实质上，银行业并不存在竞争行为。

4.1.2　县域的多元化竞争格局基本形成（1994—1996 年）

1979 年之后，四大国有专业银行的权责划分不清，政策目的与经营行为无法得到有效分离，导致四大国有专业银行通过信贷支持的方式不断向重复建设的低营利性项目与持续亏损的国有企业"输血"，形成了大量的不良贷款与呆坏账。城市信用合作社与农村信用社的成立多是由地方政府出资，它们的信贷决策同样是受到政府行政的直接干预，同时也缺乏良好的企业治理机制与风险控制能力，在短时间内积累了大量的不良贷款与呆坏账。

为了满足社会主义市场经济体制的建设，更好地发挥金融体系在国民经济中的重要作用，国务院决定对现行的金融体制进行改革，其中最重要的一点是要将政策性金融与商业性金融进行分离，解决国有专业银行身兼二者导致的一系列问题。1994 年 2 月，国家将四大国有专业银行中的政策性业务剥离出来，组建了国家开发银行、中国农业发展银行以及中国进出口信贷银行三家政策性银行。其中国家开发银行主要办理国家重点建设项目的贷款与贴息业务，包括基础设施建设与重点技术改造；中国农业发展银行主要办理涉及"三农"问题的政策性贷款以及支农资金的拨付使用与监督管理；中国进出口信贷银行主要为进出口项目提供信贷支持与信用担保。原来的四大国有专业银行开始向国有商业银行转变。

1995 年 9 月，中国颁布并实施了《中华人民共和国商业银行法》，从法律层面规定了商业银行的业务范围、基本规则、经营原则以及合约双方的合法权益等，为银行体系的进一步改革提供了法律基础与保障，更加明确了商业银行改革的方向。1996 年 8 月，国务院颁布了《关于农村金融体制改革的决定》，提出农村信用社不再受到中国农业银行的领导，由中国人民银行直接进行监督管理。在农业金融体制改革的过程中，农村信用社由中国农业银行的基层单位，转变为依赖自身进行经营活动的独立单位，其政策支持大幅度下降，业务量也随之急剧减少。农村信用社的发展越发困难，也越发难以与其他县域的银行展开竞争。但是随着市场趋利性的不断影响，以及中国不断推进金融机构的商业化改革，农村信用社也在不断向商业化发展。

县域银行市场结构的经营主体趋于多元化，格局趋于竞争化，包括四大国有专业银行、农村信用社、农业发展银行以及其他形式的银行机构。此时，银行结构性竞争程度得到增强，银行业的活力得以提升，多元化、竞争性的银行体系基本形成。

4.1.3　县域的银行业结构深刻调整（1997—2005 年）

亚洲金融危机以后，政府深刻意识到银行脆弱性问题的严重性，伴随着四大国有商业银行不良资产率的日益攀升，政府决定进行股份制改革以提高银行体系的效率。国务院相继批准成立信达、华融、长城以及东方四大资产管理公司，分别负责收购与处置相对应的中国建设银行、中国工商银行、中国农业银行以及中国银行的不良资产，着手推动四大国有商业银行的市场化改革。在 1997 年的中央金融工作会议上，中国确定了国有商业银行收缩县及县以下的基层营业网点，着重发展中小金融机构，支持地方经济发展的金融体系改革策略。在此期间，国有商业银行以及邮政储蓄银行逐渐大量撤销县及县以下的营业网点。1999 年，国务院针对农村合作基金会中存在的对非会员发放信贷、高息吸收存款以及不承担风险等问题，决定大力整顿县域中的非正规金融活动。其措施主要包括统一取消农业合作基金会，其中符合条件的并入农村信用社，其余的坚决予以关闭。

在 1998 年至 2001 年间，国有商业银行总共撤销 4.4 万个基层营业网点，减少大约 24 万名员工。其中，中国银行的营业网点大约减少 2700 余家，撤销县域支行 246 家；中国建设银行撤销大约 4000 多个县级营业网点；

中国工商银行撤销多达 8700 余个营业网点；中国农业银行的营业网点撤销数量最多，其营业网点总数下降至 4.4 万余个。农村信用社的撤并幅度也高达 26%。

2003 年国务院颁布了《深化农村信用社改革试点方案》，明确了农村信用社改革的整体要求和具体原则。2004 年，中央政府颁布了《关于进一步深化农村信用化改革试点的意见》，将农村信用社改革的范围进一步扩大，在除了西藏与海南外的全国其余省市范围内全面展开，但是改革的成效并未显现。在这段时期内，县域中正规金融机构大量减少，非正规金融机构受到严厉打击，县域金融存在着长期空白，金融抑制现象严重。县域银行业结构得到深刻调整，其竞争机制也遭到破坏。

4.1.4　县域的银行业竞争程度不断增强（2006 年至今）

党的十六大提出了"积极推进农业产业化经营，提高农民进入市场的组织化程度和农业综合效益。发展农产品加工业，壮大县域经济"的重要发展战略，为了进一步支持国民经济的发展，满足中小企业、县域经济以及"三农"领域对金融服务的需求，需要推动银行业进一步深入改革。这一阶段的重点任务是放松县域层面的银行市场准入限制，发展地区性商业银行与吸引民营资本进入银行业，加快建设具有差异化与特色化的银行体系，提高银行结构性竞争程度。

2006 年 12 月，中国银监会实施了放松农村地区银行机构市场准入的政策，并提出在湖北、四川以及吉林等六个省区设立村镇银行，开展农村地区新型金融机构的试点工作。中国银监会于 2006 年 2 月颁布的《城市商业银行异地分支机构管理办法》，2007 年 3 月的《关于允许股份制商业银行在县域设立分支机构有关事项的通知》与 2009 年 4 月的《关于中小商业银行分支机构市场准入政策的调整意见（试行）》，鼓励股份制商业银行、城市商业银行与中小商业银行设立异地分支机构，促进形成多层次的银行体系，强化银行之间的竞争关系，进而利用竞争机制提升银行体系的整体效率，更好地服务地方经济发展，特别是支持县域经济发展、新农村建设以及中小企业发展。2014 年 7 月，中国银监会正式批准了首批三家民营银行的筹建申请，分别为深圳前海微众银行、温州民商银行以及天津金城银行。民营银行具有高度的自主性与私营性，其经营行为不受政府行政干预，能够完全按照市场机制进行运营。在这一阶段，新型商业银行的建立促使银行体系呈现多元化发展，银行机构市场准入管制的放松，促使县域以及农村地区营业网点覆盖面扩张，两个方面共同增强了县域银行业的市场竞争程度。

4.2 银行结构性竞争的度量方式

关于如何衡量银行竞争程度，学术界进行了长期的研究，但仍然存在着争议。银行结构性竞争作为银行业结构中的重要研究内容之一，除了测算方法存在着争议外，研究样本也是一个重要争议。目前针对测算方法主要有两类，分别为哈佛学派提出的结构法（SCP 分析框架）与新产业组织理论学派提出的非结构法。结构法是根据银行的数量与规模等市场结构要素衡量银行竞争程度，主要包括市场集中度和赫芬达尔指数等。非结构法是通过观测主体的竞争行为、利用要素投入成本与收益的关系衡量银行竞争程度。

4.2.1 结构法

市场集中度是判定市场结构的最基本，也是最重要的因素。其具体的衡量方法是某一行业中规模最大的前 n 家企业的相关指标占整个行业的份额之和，相关指标可以选取为企业的总资产、从业人数、销售总额以及总产值等关键性指标。一般而言，测算出来的份额之和越大，表示市场集中度越高与市场结构越集中，行业的竞争程度就越低。针对银行业来说，相关指标的选取一般为银行总资产以及存贷款余额。市场集中度的具体计算如下：

$$CR_n = \sum_{i=1}^{n} X_i \bigg/ \sum_{i=1}^{N} X_i \qquad (4-1)$$

其中，CR_n 是行业的市场集中度，X_i 是第 i 个企业的指标数值，n 表示行业中规模最大的前几家企业的数量，N 表示行业中所有企业的数量。市场集中度指标作为衡量市场结构的一种方法具有一定的优点，即其计算相对简单且易于操作；但是同样存在着一定的缺点，即市场集中度的测算结果主要受到 n 取值的影响，n 取值不同，所测算的结果会存在一定的偏差。因此，现在多用市场集中度作为衡量市场竞争程度的辅助指标，或者说是稳健性指标。

赫芬达尔指数（HHI 指数）的具体衡量方法是某一行业中所有企业的相关指标占整个行业份额的算术平方和，相关指标同样可以选取企业的总资产、从业人数、销售总额以及总产值等关键性指标。HHI 指数是一种能够反映市场结构的综合指数，其具体的测算公式为：

$$HHI = \sum_{i=1}^{N} \left(X_i \Big/ \sum_{i=1}^{N} X_i \right)^2 \tag{4-2}$$

其中，HHI 是行业的赫芬达尔指数，X_i 是第 i 个企业的指标数值，N 表示行业中所有企业的数量。相比市场集中度指数而言，HHI 指数综合考虑行业中企业的分布结构与企业的相关指标数值特征两个因素，通过计算行业中所有企业的相关指标数值离散程度衡量行业的市场集中程度，从而能够较为准确地反映出市场的垄断与竞争程度情况。HHI 指数的数值越大，表示行业的市场集中程度越高，即竞争程度越低。当 HHI 指数的数值为 1 时，表示行业处于完全垄断状态，即行业不存在竞争关系；当 HHI 指数的数值为 0 时，表示行业处于完全竞争状态，即行业存在充分竞争关系。由于 HHI 指数对行业内企业的相关指标数值的变化较为灵敏，能够真实地反映市场结构与竞争程度，因此被广泛地运用于相关的研究中。

4.2.2　非结构法

新产业组织理论认为行业内竞争程度是由企业之间的竞争行为导致的，而企业之间的竞争行为是无法通过市场结构进行判断的，因此，它认为简单直接的结构法并不能较好地反映行业真实的竞争程度。新产业组织理论突破了结构法的 SCP 范式，通过直接观察企业的行为，建立计量模型测算市场竞争程度。非结构法主要包括 H 指数与 Lerner 指数。

H 指数是由 Panzer 和 Rosse（1987）提出的，他们通过分析投入要素成本与产出收益之间的关系，判断市场的竞争程度。PR 模型以劳动力、金融资本与物质资本等生产要素作为解释变量，以银行收入作为被解释变量，建立银行的收入决定方程。他们计算出收入对生产要素的价格弹性，并进行累计加总得出 H 指数，用以衡量银行业的竞争程度。H 指数作为衡量竞争程度的方法，Panzer 和 Rosse（1987）给出了具体思路与模型推导。他们认为当银行实现利润最大化的目标时，其边际收益与边际成本相等，即

$$R'_i(x_i,\ n,\ z_i) - C'_i(x_i,\ w_i,\ t_i) = 0 \tag{4-3}$$

其中，$R(x)$ 与 $C(x)$ 分别为银行的收入函数与成本函数，x 为银行的收入，n 为银行业内的银行数量，z 是影响银行收入的外生变量，w 是银行的生产要素，t 是影响银行成本的外生变量。当市场处于均衡状态时，存

在着银行零利润的约束条件，即

$$R^*(x^*,\ n^*,\ z) - C^*(x^*,\ w,\ t) = 0 \qquad (4-4)$$

因此，市场力量由银行的均衡收入对生产要素的价格弹性来衡量，Panzer 和 Rosse（1987）将 H 指数定义为银行收入方程中收入对生产要素价格弹性的累计加总值，即

$$H = \sum_{k=1}^{m} \frac{\partial R_i^*}{\partial w_{k,\ i}} \frac{w_{k,\ i}}{R_i^*} \qquad (4-5)$$

其中，$w_{k,i}$ 是银行 i 的生产要素价格。H 指数的取值范围为 $(-\infty,\ 1)$，其值越大，表示竞争程度越高。当 $H=1$ 时，市场处于完全竞争状态；当 $0<H<1$ 时，市场处于垄断竞争状态；当 $H<0$ 时，市场处于完全垄断或者寡头垄断状态。

H 指数只能度量市场竞争程度，而 Lerner 指数除了能够度量市场层面的竞争程度之外，还可以测度与分析个体的竞争程度与竞争行为。Lerner 指数的度量方式的思想来源于产业组织理论，当银行拥有市场势力时，其能够获取超额利润，即银行提供服务的价格与边际成本之差。具体的计算公式如下：

$$Lerner_{i,\ t} = (P_{i,\ t} - MC_{i,\ t})/P_{i,\ t} \qquad (4-6)$$

其中，P 表示银行提供服务的相对价格，用总收入与总资产的比值进行计算，MC 表示银行的边际成本，具体计算在下面进行列出。Lerner 指数的数值越大，表示银行拥有的市场势力越大，即银行业竞争程度越低；反之，Lerner 指数的数值越小，表示银行拥有的市场势力越小，即银行业竞争程度越高。因此，Lerner 指数是银行竞争程度的反向代理变量。

由于银行的边际成本数据无法直接获取，因此，需要通过超越对数生产函数进行估计，最终的计算公式如下：

$$MC_{i,\ t} = TC_{i,\ t} \times (\beta_1 + \beta_2 TA_{i,\ t} + \sum_{k=1}^{3} \varphi LnW_{k,\ i,\ t} + \delta_3 t)/TA_{i,\ t} \qquad (4-7)$$

其中，TC 是银行总成本，用利息支出与营业成本之和表示；TA 是产出指标，用银行资产总额表示；W 表示银行的资金成本、劳动力成本与物质资本成本，分别用利息支出与存款总额的比值、员工薪酬总额与资产总额的比值以及资本费用与资产总额的比值进行衡量。

4.2.3　本书采用的衡量方法

结构法与非结构法各有优势与劣势，各自有不同的适用场景。无论是

采用 H 指数，还是采用 Lerner 指数衡量银行业的竞争程度，都只能考察银行业的整体竞争程度，不能够将银行业竞争程度的区域差异性充分地展示出来。非结构法测算的银行竞争程度将东部地区与中西部地区的银行业竞争程度视为一致，这明显存在着偏误。通过结构法进行构造银行结构性竞争程度隐含了一个前提，这个前提就是所有不同类型的银行网点均是同质性的个体。就中国现实情况而言，不同类型的银行在市场地位以及政策优势等多方面均具有明显的异质性。在具有异质性银行网点的情况下，虽然这种基于营业网点数量分布构造的银行结构性竞争指标无法衡量不同银行内部个体的竞争程度，但是依旧能够较为准确地代表不同类型银行之间的竞争程度（张杰等，2017）。同时，虽然不同类型的银行网点并非是同质的，但基于银行网点数量构造的银行结构性竞争指数与基于银行网点贷款构造的指数高度是正相关的（王雪和何广文，2019）。因此，结构法虽然只能通过市场结构进行简单判断竞争程度，但这种方法是简单并且有效的。

本书将参考 Chong 等（2013）以及姜付秀等（2019）的做法，银行结构性竞争采用某县不同银行机构的营业网点数量进行构造赫芬达尔指数 HHI 以及前三大银行集中度指数 CR3，这两个指数均代表着某县的银行集中度，其中营业网点信息来源于中国银保监会网站上披露的金融许可证。具体构造方式如下：

$$HHI_{it} = \sum_{j=1}^{n} \left(branch_{jit} \Big/ \sum_{j=1}^{n} branch_{jit} \right)^2 \tag{4-8}$$

$$CR3 = (branch_{1th} + branch_{2th} + branch_{3th})/totalbranch \tag{4-9}$$

在上述两个式子中，$branch_{jit}$ 表示第 i 个县 j 银行在第 t 年的营业网点数量，$branch_{1th}$、$branch_{2th}$、$branch_{3th}$ 以及 $totalbranch$ 分别表示该县营业网点数量最多的前三大银行的网点数量以及所有银行的营业网点数量总和。由于 HHI_{it}、CR3 与银行结构性竞争是反向关系，因此，本书将 HHI_{it} 与 CR3 均乘以-1 进行转化，即 $Bankcomp_{it} = 1 - HHI_{it}$（CR3），$Bankcomp_{it}$ 为县域银行结构性竞争指数，其数值越大，表示县域的银行结构性竞争程度越高。

由于中国幅员辽阔，同一个省份内不同地级市之间与同一地级市内不同县域之间存在着较大的差异性，例如广东省珠三角地区与粤东西北地区，进一步缩小地域范围，考察肇庆市下辖的四会市与封开县，前者作为全国百强县，2016 年的人均 GDP 达到 7.18 万元，而封开县仅有 3.46 万元，不到前者的一半。如果针对本书的核心解释变量进行考察，以广东省为例，2016 年该省国有五大银行占比为 30.8%，肇庆市为 21.6%，其下辖的封开县仅为 10.9%，地级市之间以及地级市内各县域间银行结构性竞争的差异性较大，仅从省级行政区层面来刻画银行结构性竞争水平存在较大的偏差。因此，根据中国行政区划情况，基于地级行政区与县级行政区，本书分别计算了各地级市与各县域的 HHI 指数与 CR3 指数。为了更为准确地刻画县域的银行结构性竞争水平，本书以县域的银行结构性竞争指标 Bankcomp_HHI 以及 Bankcomp_CR3 作为核心解释变量进行估计。其中，地级行政区层面的银行结构性竞争指标作为替代指标，在稳健性检验部分，检验银行结构性竞争与县域经济高质量发展的关系。

4.3 县域银行结构性竞争的特征分析

本书所使用的所有银行营业网点的数据来源于中国银保监会网站上披露的金融许可证信息。截至 2019 年 3 月，中国银保监会网站上披露了总共 227457 个金融机构网点，样本覆盖了中国 31 个省（直辖市与自治区）、334 个地级行政区与 2844 个县级行政区，其中香港、澳门与台湾由于数据缺失并未进行统计，金融机构网点类型的具体数量见表 4-1。其中的银行类型包括政策性银行、国有大型银行、邮政储蓄银行、股份制商业银行、外资银行、城市商业银行、农村商业银行、农村合作银行、农村信用社、村镇银行、民营银行、农村资金互助社以及其他非银行类 13 个类型的金融机构，商业银行的营业网点共有 224552 个，占全部金融机构网点数量的 98.72%。金融许可证的信息主要包括机构名称、机构地址、批准成立日期以及省份。本书利用银行网点所在地址将所有银行网点匹配到县级行政区划层面，同时与各个年份存在的银行网点进行第二次匹配，形成了县级行政区各年的银行网点数量与竞争结构的面板数据。

由于商业银行的经营行为与经营目标同政策性银行与其他非银行类金融机构相比较存在明显的差异性。因此，本书构建银行结构性竞争指数所使用的样本只包含了商业银行，即剔除了所有金融机构网点中政策性银行与其他非银行类金融机构。其中，从全国层面来看，国有大型银行的营业网点数量占比最大，约为 30.05%，其次为农村商业银行，约占 25.81%，邮政储蓄银行占比约为 17.75%，城市商业银行占比约为 7.94%，股份制商业银行占比约为 6.69%。

表 4-1　各类型金融机构网点类型的分布情况　　　　　　单位：个

金融机构网点的类型	数量	金融机构网点的类型	数量
政策性银行	2273	城市商业银行	17828
其他非银行类金融机构	632	农村商业银行	57953
所有商业银行	224552	农村合作银行	1189
国有大型银行	67483	农村信用社	18205
邮政储蓄银行	39867	村镇银行	5992
股份制商业银行	15014	民营银行	18
外资银行	989	农村资金互助社	14

自 1998 年确立了加快银行体系市场化改革的战略目标以来，中国的金融体系发生了巨大的变化。特别是 2003 年 10 月党的十六届三中全会提出要大力发展县域经济，为了满足中小企业、县域经济以及"三农"领域对金融服务的需求，需要推动银行业进一步的深入改革。这一阶段的重点任务是放松银行市场准入限制，发展地区性商业银行与吸引民营资本进入银行业。在县域中现存金融机构的转型与新增金融机构的调整的共同作用下，县域银行业的市场结构从行政与市场的双重垄断结构逐渐向市场竞争结构进行转变。因此，本节中利用 2004—2018 年中国 1973 个县（市、旗、特区以及林区）银行营业网点的分布数据，分析县域银行业结构性竞争程度的变化趋势。

4.3.1　县域银行营业网点数量的增长趋势与区域差异

2004—2018 年中国县域银行营业网点数量的趋势图见图 4-1。图 4-1 显示，2004—2018 年中国的银行金融机构在县域表现为数量扩张的趋势，营业网点的数量持续增加。由于银行营业网点在县域的分布可能是非对称的，而且县域银行营业网点的数量出现极端值会对平均值造成较大的影响，因此，本节同时使用了县域银行营业网点的中位数代替，这种数量不断扩张的趋势保持不变。2004—2018 年，县域银行营业网点的数量不断增加，主要是由于推动银行体系改革政策促成的增量效应。中国银监会于 2006 年、2007 年与 2009 年分别出台了相关的政策，包括鼓励建立村镇银行与资金互助社等新型农村金融机构，放松股份制银行、城市商业银行与中小商业银行在县域的市场准入限制等，农村商业银行、村镇银行、股份制商业银行以及城市商业银行均积极地申请筹建县域的营业网点。

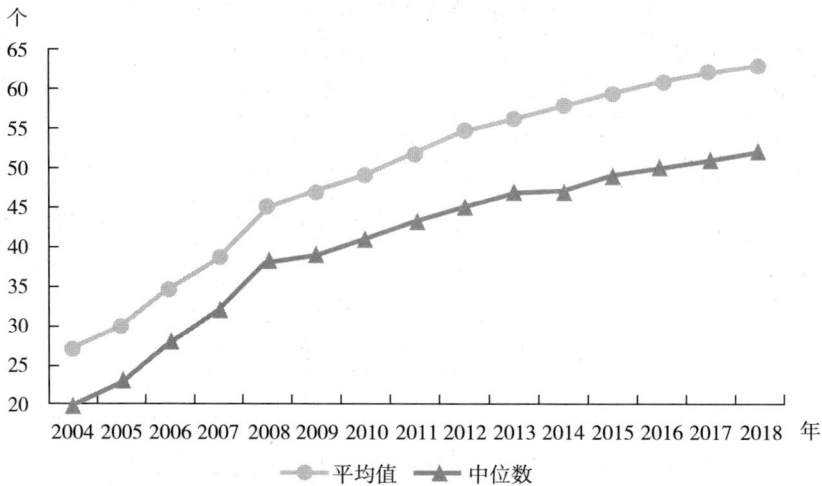

图 4-1 2004—2018 年中国县域银行营业网点数量的增长趋势

由于县域之间的特征不同，例如经济发展水平、地理区位、行政地位以及政策优惠等特征存在差异性，因此，县域之间的银行营业网点扩张过程存在非对称性。本节将根据县域的地理区位、贫困县划分以及行政地位，将所有县域分为三个类别，分别为东中西部地区、贫困县与非贫困县、县级市与县，不同类别县域的银行营业网点数量见表 4-2。

具体而言，根据地理区位来看，东部、中部与西部地区的县域银行营业网点数量均呈现逐年增长的趋势，但是东部地区县域的银行营业网点数量增长速度明显要高于中西部地区。与 2004 年相比，2018 年东部地区每个县平均增加了 48.66 个银行营业网点，而中部地区每个县平均增加了 29.5 个银行营业网点，西部地区每个县平均增加了 26.87 个银行营业网点。根据非贫困县与贫困县来看，非贫困县与贫困县的银行营业网点数量同样均呈现逐年增长的趋势，但是非贫困县的银行营业网点数量增长速度明显高于贫困县。与 2004 年相比，2018 年非贫困县每个县平均增加了 39.21 个银行营业网点，而贫困县每个县平均增加了 25.07 个银行营业网点。根据行政地位来看，县级市与县的银行营业网点数量同样呈现逐年增长的趋势，但是县级市的银行营业网点数量增长速度明显高于县。与 2004 年相比，2018 年每个县级市平均增加了 54.04 个银行营业网点，而每个县平均仅增加了 28.98 个银行营业网点，仅达到县级市增长的一半水平。

表 4-2 2004—2018 年中国县域的银行营业网点数量增长的区域差异 单位：个

年份	东部	中部	西部	非贫困县	贫困县	县级市	县
2004	34.86	34.34	17.89	29.65	18.33	41.14	21.48
2005	38.85	36.30	20.87	32.76	20.95	45.33	24.01
2006	42.83	39.93	23.59	37.97	24.36	50.63	28.44
2007	48.10	43.22	27.20	42.03	28.09	54.84	32.27
2008	55.43	48.83	33.38	49.12	32.59	64.38	37.45
2009	58.72	50.30	34.27	51.10	33.70	68.02	38.69
2010	62.70	51.67	35.50	53.70	34.36	71.81	40.13
2011	67.08	54.32	37.08	56.64	36.40	76.91	42.07
2012	72.64	56.45	38.46	60.01	37.68	82.25	43.98
2013	74.80	57.87	39.22	61.64	38.36	84.72	44.96
2014	76.93	58.95	40.63	63.29	39.53	87.27	46.23
2015	78.82	60.39	42.10	64.98	40.82	89.80	47.57
2016	80.64	61.96	43.17	66.60	41.81	91.99	48.74
2017	81.86	62.99	44.15	67.75	42.76	93.34	49.73
2018	83.62	63.84	44.76	68.86	43.40	95.18	50.46

4.3.2 县域不同类型银行营业网点的分布结构与区域差异

中国东中西部地区的县域银行营业网点分布结构见表 4-3 及表 4-3 (续)。结合表 4-2 中的数据可知，在 2004 年，东部地区县域的银行网点数量最多，每个县平均拥有 34.86 个网点，中部地区县域的银行网点数量次之，每个县平均拥有 34.34 个网点，约占东部地区的 98.5%，而西部地区的银行网点数量仅为东部地区的 51.32%。

表 4-3 2004—2018 年中国县域银行营业网点分布结构的区域差异：东部、中部、西部地区

单位：个

年份	东部					中部				
	国有	城商行	邮政	农信社	村镇	国有	城商行	邮政	农信社	村镇
2004	14.71	0.53	7.90	5.59	0	11.08	0.17	9.77	12.45	0
2005	15.28	0.59	8.10	8.73	0	11.19	0.21	9.86	14.19	0
2006	15.88	0.71	8.28	16.80	0	11.27	0.21	9.94	17.65	0

续表

年份	东部					中部				
	国有	城商行	邮政	农信社	村镇	国有	城商行	邮政	农信社	村镇
2007	16.35	0.80	8.62	21.13	0	11.32	0.24	10.22	20.57	0.02
2008	16.83	0.92	13.82	22.53	0.04	11.38	0.28	13.87	22.39	0.04
2009	17.68	1.07	14.59	23.89	0.08	11.46	0.37	14.20	23.32	0.08
2010	18.21	1.25	15.85	25.63	0.24	11.54	0.46	14.36	24.21	0.19
2011	19.02	1.45	16.63	27.82	0.47	11.76	0.61	14.81	25.80	0.40
2012	19.90	1.72	17.08	31.30	0.69	12	0.79	15.23	26.85	0.62
2013	20.18	2.12	17.28	31.89	1.08	12.12	0.92	15.41	27.50	0.90
2014	20.27	2.67	17.36	32.37	1.55	12.16	1.13	15.46	27.84	1.24
2015	20.35	3.24	17.43	32.76	1.94	12.19	1.48	15.49	28.40	1.64
2016	20.42	3.72	17.43	33.47	2.28	12.22	1.81	15.50	29.17	2.04
2017	20.49	4.11	17.46	33.85	2.58	12.29	2.07	15.52	29.53	2.34
2018	20.83	4.45	17.46	34.42	2.85	12.51	2.20	15.53	29.72	2.61

从分布结构来看，不论是东部地区，还是中西部地区，农村信用社一直都是县域银行体系的最大机构，分别占所有营业网点数量的44.16%、46.55%与50.38%。国有大型银行与邮政储蓄银行在东部、中部、西部地区县域银行体系中的分布结构并不相同，在东部地区县域的银行体系中，国有大型银行是第二大机构，约占24.91%，邮政储蓄银行处于第三位，约占20.88%；在中西部地区县域的银行体系中，邮政储蓄银行均是第二大机构，分别约占24.33%与21.58%，而国有大型银行仅处于第三位，分别约占19.60%与19.37%。此外，城市商业银行、村镇银行与股份制银行在东部地区县域的营业网点数量均高于中西部地区。

表4-3（续）　2004—2018年中国县域银行营业网点分布结构的区域差异:东部、中部、西部地区

单位：个

年份	西部				
	国有	城商行	邮政	农信社	村镇
2004	7.54	0.18	4.15	5.37	0
2005	7.63	0.19	5.09	7.32	0

续表

年份	西部				
	国有	城商行	邮政	农信社	村镇
2006	7.74	0.22	5.23	9.76	0
2007	7.80	0.27	5.46	13.02	0.01
2008	7.83	0.32	8.51	16.03	0.05
2009	7.91	0.39	8.55	16.66	0.08
2010	7.96	0.45	8.63	17.61	0.16
2011	8.14	0.51	9.15	18.29	0.28
2012	8.35	0.59	9.41	18.96	0.41
2013	8.44	0.70	9.52	19.21	0.59
2014	8.46	0.93	9.57	20.05	0.79
2015	8.50	1.14	9.59	21.03	0.96
2016	8.53	1.38	9.60	21.65	1.10
2017	8.56	1.48	9.64	22.29	1.25
2018	8.67	1.59	9.66	22.55	1.34

中国贫困县与非贫困县的银行营业网点分布结构见表4-4。结合表4-2中的数据可知，在2004年，非贫困县的银行网点数量平均为68.86个，贫困县的银行网点数量为非贫困县的61.82%；而到了2018年，贫困县的银行网点数量增长到非贫困县的63.03%。从分布结构来看，农村信用社一直都处于贫困县与非贫困县银行体系的主体地位，分别占所有营业网点数量的43.44%与53.82%。国有大型银行与邮政储蓄银行在贫困县与非贫困县银行体系中的分布结构并不相同，在非贫困县的银行体系中，国有大型银行是第二大机构，约占23.1%，而邮政储蓄银行仅处于第三位，约占22.19%；在贫困县的银行体系中，邮政储蓄银行是第二大机构，约占22.14%，而国有大型银行仅处于第三位，约占15.12%。此外，城市商业银行、村镇银行与股份制银行在贫困县的营业网点数量均远低于非贫困县。

表 4-4 2004—2018 年中国县域银行网点分布结构的区域差异：贫困县与非贫困县

单位：个

年份	非贫困县					贫困县				
	国有	城商行	邮政	农信社	村镇	国有	城商行	邮政	农信社	村镇
2004	12.64	0.37	7.71	8.03	0	5.78	0.06	5.07	6.75	0

年份	非贫困县					贫困县				
	国有	城商行	邮政	农信社	村镇	国有	城商行	邮政	农信社	村镇
2005	12.93	0.40	8.24	10.23	0	5.85	0.07	5.40	8.96	0
2006	13.23	0.47	8.39	14.96	0	5.92	0.08	5.49	12.19	0
2007	13.46	0.54	8.70	18.39	0.01	5.95	0.10	5.68	15.66	0.01
2008	13.67	0.62	13.04	20.76	0.05	5.99	0.11	8.30	17.47	0.03
2009	14.06	0.75	13.42	21.74	0.09	6.06	0.14	8.50	18.26	0.05
2010	14.30	0.88	13.99	23.20	0.22	6.11	0.19	8.60	18.66	0.11
2011	14.77	1.03	14.56	24.64	0.44	6.23	0.24	9.15	19.87	0.20
2012	15.26	1.23	14.99	26.55	0.66	6.41	0.32	9.36	20.57	0.30
2013	15.45	1.47	15.16	27.11	0.99	6.48	0.40	9.49	20.83	0.44
2014	15.51	1.83	15.22	27.65	1.35	6.49	0.60	9.55	21.54	0.62
2015	15.58	2.25	15.25	28.28	1.69	6.50	0.80	9.57	22.35	0.85
2016	15.63	2.61	15.26	29.05	2.00	6.52	1.06	9.58	22.86	1.04
2017	15.68	2.89	15.28	29.52	2.24	6.56	1.18	9.61	23.36	1.27
2018	15.90	3.11	15.29	29.91	2.45	6.73	1.26	9.65	23.54	1.42

中国县级市与县的银行营业网点分布结构见表4-5。结合表4-2中的数据可知，在2004年，县级市的银行网点数量平均为41.14个，县的银行网点数量为县级市的52.21%；而到了2018年，县的银行网点数量增长到县级市的53.02%。从分布结构来看，农村信用社依旧是县级市与县中最大的银行机构，分别占所有营业网点数量的38.76%与46.64%。国有大型银行与邮政储蓄银行在县级市与县中银行体系的分布结构同样不相同，在县级市的银行体系中，国有大型银行是第二大机构，约占28.13%，而邮政储蓄银行仅处于第三位，约占19.74%；在县的银行体系中，邮政储蓄银行是第二大机构，约占22.95%，而国有大型银行仅处于第三位，约占17.97%。此外，城市商业银行、村镇银行与股份制银行在县级市的营业网点数量均高于这些银行机构在县的网点数量。

表 4-5　2004—2018 年中国县域银行营业网点分布结构的区域差异：县级市与县

单位：个

年份	县级市					县				
	国有	城商行	邮政	农信社	村镇	国有	城商行	邮政	农信社	村镇
2004	20.85	0.62	8.66	9.61	0	7.57	0.17	6.16	6.89	0
2005	21.43	0.70	9.36	12.38	0	7.69	0.19	6.52	8.91	0
2006	22.00	0.81	9.63	16.71	0	7.82	0.22	6.62	13.09	0
2007	22.45	0.93	10.07	19.83	0.02	7.89	0.25	6.84	16.58	0.01
2008	22.86	1.06	15.87	22.86	0.07	7.96	0.30	9.97	18.48	0.04
2009	23.61	1.29	16.37	24.82	0.13	8.10	0.36	10.21	19.23	0.07
2010	24.04	1.52	17.11	26.86	0.32	8.21	0.42	10.52	20.09	0.14
2011	24.82	1.77	17.96	29.61	0.60	8.44	0.51	10.98	21.09	0.29
2012	25.74	2.09	18.44	32.66	0.92	8.67	0.63	11.31	22.14	0.43
2013	26.09	2.55	18.65	33.34	1.33	8.76	0.75	11.44	22.52	0.65
2014	26.23	3.14	18.71	33.98	1.81	8.78	0.98	11.50	23.16	0.91
2015	26.37	3.81	18.77	34.72	2.23	8.81	1.24	11.53	23.87	1.18
2016	26.48	4.34	18.78	35.64	2.58	8.83	1.52	11.53	24.46	1.42
2017	26.54	4.77	18.79	36.10	2.82	8.88	1.69	11.56	24.93	1.66
2018	26.77	5.17	18.79	36.89	3.07	9.07	1.80	11.58	25.15	1.83

4.3.3　县域银行结构性竞争程度的变化趋势与区域差异

中国东部、中部、西部地区的县域银行结构性竞争程度的变化趋势见表 4-6。表 4-6 显示，东部地区与中部地区县域的 HHI 指数在 2010 之前虽然有所上升，但是这两个地区县域的 CR3 在 2010 年之前是处于不断降低的趋势的。这与农村信用社根据商业化原则的增量结构调整有关，县域银行体系中农村信用社的营业网点更加集中。而在 2010 年之后，无论东部地区还是中部地区，县域的 HHI 指数与 CR3 指数均处于不断下降趋势。这是由于中国银监会于 2006 年、2007 年与 2009 年分别出台了相关的政策，包括鼓励建立村镇银行与资金互助社等新型农村金融机构，放松股份制银行、城市商业银行与中小商业银行在县域的市场准入限制等，村镇银行、股份制商业银行以及城市商业银行均积极地申请筹建县域的营业网点，导致结构性竞争程度得以提升。西部地区的 HHI 指数与 CR3 指数一直处于不断下降的趋势。此外，无论是 HHI 指数，还是 CR3 指数，东部地区县域是最小的，中部地区县域次之，而西部地区县域最大，这说明西部地区县域的银行营业网点更加集中，竞争程度较低，东部地区县域的银行营业网点更加分散，竞争程度较高。

表4-6 2004—2018年中国县域银行结构性竞争程度的区域差异：东部、中部、西部

年份	东部		中部		西部	
	HHI	CR3	HHI	CR3	HHI	CR3
2004	0.34	0.85	0.38	0.88	0.46	0.92
2005	0.33	0.84	0.38	0.88	0.46	0.92
2006	0.33	0.84	0.38	0.88	0.46	0.92
2007	0.33	0.84	0.38	0.88	0.45	0.92
2008	0.34	0.83	0.40	0.89	0.43	0.92
2009	0.34	0.83	0.41	0.89	0.43	0.92
2010	0.34	0.83	0.41	0.88	0.43	0.92
2011	0.34	0.82	0.40	0.87	0.43	0.91
2012	0.33	0.81	0.40	0.87	0.42	0.91
2013	0.32	0.80	0.40	0.86	0.42	0.90
2014	0.31	0.78	0.39	0.86	0.41	0.89
2015	0.30	0.77	0.38	0.85	0.41	0.89
2016	0.29	0.76	0.38	0.84	0.40	0.87
2017	0.29	0.75	0.37	0.83	0.39	0.87
2018	0.28	0.74	0.36	0.82	0.39	0.86

中国贫困县与非贫困县、县级市与县的银行结构性竞争程度的变化趋势见表4-7。表4-7显示，不论是贫困县还是非贫困县、县级市还是县，县域的HHI指数与CR3指数均处于不断下降的趋势，尤其是2010年以后，下降趋势更加明显。此外，从表4-7中同样能够看出，非贫困县的HHI指数与CR3指数明显小于贫困县的，县级市的HHI指数与CR3指数明显小于县的，这表明非贫困县的银行结构性竞争程度高于贫困县的，县级市的银行结构性竞争程度高于县的。

表 4-7 2004—2018 年中国县域银行结构性竞争程度的区域差异：

贫困县划分与行政地位

年份	非贫困县		贫困县		县级市		县	
	HHI	CR3	HHI	CR3	HHI	CR3	HHI	CR3
2004	0.37	0.87	0.48	0.94	0.31	0.81	0.44	0.91
2005	0.37	0.87	0.48	0.94	0.30	0.81	0.43	0.91
2006	0.37	0.86	0.47	0.94	0.30	0.81	0.43	0.91
2007	0.37	0.86	0.47	0.94	0.30	0.80	0.43	0.91
2008	0.37	0.86	0.47	0.94	0.30	0.80	0.43	0.91
2009	0.37	0.86	0.47	0.94	0.30	0.80	0.43	0.91
2010	0.37	0.86	0.47	0.94	0.30	0.79	0.43	0.91
2011	0.36	0.85	0.47	0.94	0.30	0.79	0.43	0.90
2012	0.36	0.84	0.46	0.93	0.29	0.78	0.42	0.90
2013	0.35	0.83	0.46	0.92	0.29	0.77	0.42	0.89
2014	0.34	0.82	0.45	0.91	0.28	0.75	0.41	0.88
2015	0.34	0.81	0.45	0.91	0.27	0.74	0.40	0.87
2016	0.33	0.81	0.44	0.90	0.26	0.73	0.39	0.86
2017	0.33	0.80	0.43	0.89	0.26	0.73	0.39	0.86
2018	0.32	0.79	0.42	0.88	0.25	0.72	0.38	0.85

4.4 本章小结

本章首先对中国银行体系市场结构的变迁历程进行了回顾，发现中国银行业结构也处于市场竞争不断增强的趋势中。其次，从不同类型银行的分支机构、总资产以及贷款余额三个视角分析中国整体宏观层面的市场结构，发现从 2004 年到 2017 年，国有大型银行的市场份额在不断减少，股份制商业银行、城市商业银行以及农村商业银行在银行体系中的市场份额不断增加，而且处于举足轻重的地位。再次，在分析了银行结构性竞争不同度量方法优缺点的基础上，结合本书所要研究的主题，确定了本书所使用的衡量方法。最后，利用中国银保监会网站上披露的金融许可证信息，将所有银行营业网点匹配到 2004—2018 年中国 1973 个县（市、旗、特区以及林区）中，分析县域银行营业网点数量、银行体系市场结构以及结构性竞争程度的变动趋势与区域差异。本章根据县域的地理区位、贫困县划分以及行政地位，将所有县域分为三个类别，分别为东中西部、贫困县与非贫困县、县级市与县，发现无论是何种类型的县域，其营业网点数量都在逐年增多、银行体系市场结构不断优化、结构性竞争程度不断增强，但是也发现了不同类型县域的银行营业网点数量、银行体系市场结构以及结构性竞争程度存在着较大的差异性。

第5章 银行结构性竞争与县域资金外流

我国县域资金的大量外流已经逐渐成为县域经济发展中十分严重且难以回避的问题。基于发展中国家的大量实践研究表明，财政大量投入与金融投资是促进农村地区经济发展的重要手段（Huang 等，2006），但是中国现实中存在的县域资金外流问题使县域经济发展的效果不佳。改革开放以前，造成县域资金外流的主要方式是工农产品价格剪刀差，农业产品成为促进城市工业资本积累的主要渠道。改革开放之后到20世纪90年代，由于中国资金处于短缺状态，为了加大城市与工业发展的资金供给，银行体系在县域内仅仅发挥储蓄动员的功能，同时农业财政税收上缴，银行与财政成为这一时期造成县域资金外流的主要渠道。亚洲金融危机以后，中国推动银行体系改革，国有商业银行的分支机构逐渐退出县域经济，农村信用社根据商业化原则逐步进行改制，邮政储蓄银行的县域分支机构将经营定位成只存不贷，从而造成银行成为这一阶段县域资金外流的主要渠道。县域资金外流导致城乡差距不断扩大，制约着县域经济的进一步发展，这一现象逐渐引起党中央与政府的高度关注。

党的十六大首次提出了"发展县域经济"的重要发展战略。党的十九大报告又明确提出，要将生产要素资源向农村地区倾斜。为了进一步支持国民经济的发展，满足中小企业、县域经济以及"三农"领域对金融服务的需求，银保监会采取设立新型农村金融机构、放松县域的银行市场准入限制等措施，加快建设具有差异化与特色化的县域银行体系。现阶段，县域的银行体系是以农村商业银行、农村信用社、邮政储蓄银行、国有商业银行以及村镇银行为主，多元化与竞争性银行体系已然形成。推动县域银行体系的改革、构建竞争性银行结构的目的是，优化银行业的市场结构，缓解或者解决县域经济发展中的资金需求。

本章在明确核心解释变量与被解释变量的测度指标上，采用县级层面的面板数据，运用固定效应模型、系统广义矩、两阶段最小二乘法等多种估计方法，实证研究银行结构性竞争对县域资金外流的影响以及区域差异性，从而探讨与解析如下问题：第一，现实中县域银行结构性竞争程度的增强是否能够有效地抑制县域资金外流；第二，不同类型银行对县域资金外流的作用是否相同，哪种类型的银行能够有效抑制县域资金外流；第三，县域银行结构性竞争对资金外流的作用是否存在区域的异质性。

5.1 模型设定、变量选择与描述性统计

5.1.1 模型设定

本章所要检验的是银行结构性竞争对县域资金外流的影响，根据理论分析的假设命题，本章将基本计量回归模型设定如下：

$$CF_{it} = \alpha_0 + \alpha_1 Bankcomp_{it} + \beta_j \sum_{j=1}^{n} Control_{jit} + \mu_i + \delta_t + \varepsilon_{it} \qquad (5-1)$$

其中，i 表示县域，t 表示年份，CF 表示县域资金外流的情况，$Bankcomp$ 表示县域的银行结构性竞争程度，$Control$ 表示模型中控制变量的集合。以上各种变量的具体衡量方式在后续变量选择一节中进行详细阐述。同时，本章还加入了地区固定效应 μ 与时间固定效应 δ，用以捕捉无法观测的异质性因素以及共同冲击的影响。ε 表示随机扰动项。所用模型采用稳健性标准误，并且聚类到县域层面。

5.1.2 变量选择

本章选取了 2004—2016 年中国 1793 个县（不包含市辖区）的面板数据[①]，数据主要来源于 CSMAR 数据库、《中国县域统计年鉴》、各省的统计年鉴以及中国银监会网站。本书所涉及的核心变量处理如下：

（1）资金外流指标

首先需要对资金外流进行度量。谭艳芝等（2018）认为县域资金通过银行机构流出的渠道主要包括三种。第一，县域银行机构向中国人民银行上缴一定的法定存款与存放超额准备金；第二，县域银行机构将资金从本级银行向地级市的上一级或者省级的总行直接转移；第三，县域银行机构通过进行同业拆借、地方政府债券与商业债券购买等方式将资金转移。但无论是通过哪种渠道，最终都会体现在县域的居民储蓄余额与金融机构贷

---

① 由于 2017 年缺乏县域固定资产投资的数据，故本书所使用的数据截至 2016 年，后文不再说明。

款余额的差值上（邓富辉和吴斌，2006）。

本章关注的是银行机构从县域获取的存款并投放到当地的比例，因此，参考 Huang 等（2006）以及周振等（2015）的做法，采用县域资金的净流出规模衡量资金外流，具体做法为利用县域当年新增存款总量减去当年新增贷款总量。这种度量方法首先假定，县域的银行机构资金全部来自县域居民储蓄存款，其资金用途为法定存款与超额准备金、居民与企业贷款以及外流资金。在这里用两期进行表示，本书需要度量的资金外流为

$$\Delta outflow = outflow_t - outflow_{t-1} \qquad (5-2)$$

第一期期末的存贷款余额的差值可以表示为

$$Save_{t-1} - Loan_{t-1} = ER_{t-1} + outflow_{t-1} \qquad (5-3)$$

第二期期末的存贷款余额的差值可以表示为

$$Save_t - Loan_t = ER_t + outflow_t \qquad (5-4)$$

在这里需要进一步进行假定，县域银行机构向中国人民银行上缴的法定存款与超额准备金是十分充足的，即当县域银行机构的存款增多时，县域银行机构并不需要额外地缴存法定存款与超额准备金。因此，将法定存款与超额准备金（ER）视为一个常数。因此，结合式（5-3）与式（5-4）可将式（5-2）变为

$$\Delta outflow = (Save_t - Loan_t) - (Save_{t-1} - Loan_{t-1}) \qquad (5-5)$$

式（5-5）表示当年的县域资金外流规模为当年存贷款余额差值与上一年存贷款余额差值的差值。同时，本章为了进一步消除人口规模的影响，采用人均资金外流规模作为被解释变量。在后文的计量回归中，将各年的人均资金外流规模换算为以 2000 年为基期不变价格计算的指标，并进行对数化处理。

（2）核心解释变量

核心解释变量为银行结构性竞争，其计算与说明具体见 4.2.3。

（3）控制变量

在本章的研究中，除了银行结构性竞争外，县域的其他特征同样可能对县域资金外流产生潜在的影响，从而导致估计结果产生偏差。本章结合县域数据的可得性，选取了四类控制变量。本章采用人均实际 GDP 的对数值表示经济发展情况（RGDP）。一般而言，经济发展较好的地区，微观经济主体的活动相对活跃，容易形成规模经济，从而产生较大的信贷资金需求，资金可能处于净流入状态。采用第二产业增加值占名义生产总值的比重（Add）衡量产业结构。一般而言，产业结构越高级，经济效益越好，越

有利于吸引资金流入。用规模以上工业总产值占名义生产总值的比重（Output）表征产业规模化。产业规模化程度越高，经济效益同样越好，越有利于吸引资金流入。用固定资产投资与名义地区生产总值的比值衡量固定资产投资水平（Fixed）。固定资产投资需要大量的资金作为保障，因此固定资产投资额越大的地区，越依赖于银行信贷资金。用政府财政一般预算内支出与财政一般预算内收入的比值衡量财政自主度（FD）。当县域财政状况较差时，为了维持县域公共产品的正常供给，越发依赖于银行的信贷资金。用银行分支机构数量的对数值表征县域金融发展水平（Finance）。银行分支机构数量越多，在县域内存款争夺与贷款发放的行为表现越为激烈，从而对县域资金外流影响更大。另外，本章还加入了县域虚拟变量以及时间虚拟变量，用以控制不随时间与县域变化的其他因素的冲击。

5.1.3　描述性统计分析

（1）县域资金外流的统计分析

表5-1描述了中国县域人均资金净流出量的分布特征。

表5-1　县域人均资金净流出量的分布特征

年份	整体	非贫困县	贫困县	东部地区	中部地区	西部地区
2005	536.65	624.34	330.30	424.58	804.74	408.03
2006	105.61	36.24	268.26	−186.70	349.18	112.85
2007	−160.15	−295.07	156.49	−611.42	266.70	−187.19
2008	971.56	1057.21	770.58	1245.19	1279.26	561.82
2009	−622.96	−954.03	154.78	−1648.09	−23.12	−405.66
2010	−454.55	−715.33	157.60	−1463.90	113.37	−223.90
2011	−75.41	−232.81	294.07	−297.91	162.85	−109.33
2012	−2.94	−199.40	458.23	−594.90	654.96	−111.20
2013	−248.41	−429.88	177.47	−672.18	209.62	−316.61
2014	−730.92	−960.27	−193.09	−1457.76	253.27	−1000.36
2015	−14.02	−5.36	−34.34	91.23	175.99	−225.52
2016	75.02	209.76	−241.05	256.90	429.66	−309.84

从图5-1中可以看出，整体上县域人均资金净流出量呈现不断波动的趋势，县域资金的相对流出与流入状态交替出现。在2005—2008年期间，县域资金呈现相对净流出的状态，在2009—2015年期间，县域资金呈

现相对净流入状态，而到了 2016 年，县域资金又呈现相对净流出状态，县域资金外流的问题并未得到有效解决。将所有县域划分为贫困县与非贫困县，贫困县的样本中，在 2005—2013 年期间，县域资金呈现明显外流趋势，在 2014—2016 年期间，县域资金外流趋势得以逆转，呈现资金相对净流入的趋势。在非贫困县的样本中，县域资金外流趋势与整体的趋势大致相仿，县域资金的相对流出与流入状态交替出现。此外，从图 5-1 中可以明显看出，贫困县的资金外流问题要比非贫困县的更为严重。

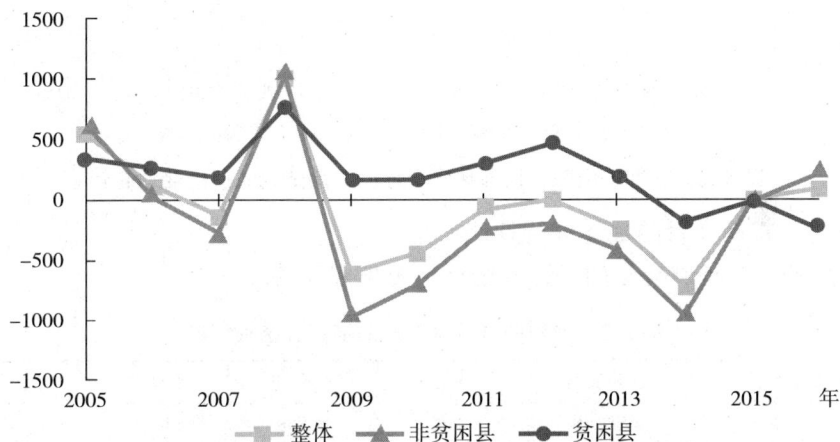

图 5-1　整体、贫困县与非贫困县的人均资金流出的变动趋势

　　另外，将所有县域按地理区位划分为东部地区、中部地区以及西部地区，具体变动趋势见图 5-2。无论是东部地区，还是中西部地区，县域的人均资金外流均呈现不断波动的状态。但是在东部地区的样本中，除了个别年份以外，县域资金均处于相对净流入的状态。在中部地区的样本中，除了 2009 年以外，其余年份的县域资金均处于相对净流出状态。在西部地区的样本中，2009 年以后，县域资金均处于相对净流入状态。中部地区是县域资金外流的主要地区。

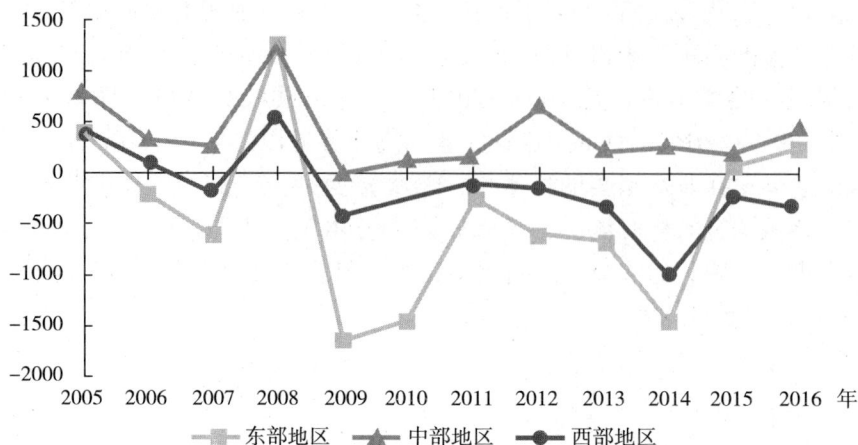

图 5-2　东部、中部、西部地区县域的人均资金流出的变动趋势

（2）控制变量的描述性统计

模型中各控制变量的描述性统计情况见表 5-2。

表 5-2　模型中各控制变量的描述性统计情况

变量名称	变量符号	均值	标准差	最大值	最小值
经济发展水平	*RGDP*	9.662	0.868	13.471	6.487
产业规模化	*Output*	166.278	370.352	8383.239	0.0004
产业结构	*Add*	55.679	93.113	1708.82	0.0136
固定资产投资水平	*FIXED*	0.6564	0.5031	10.9258	0.0043
财政自主度	*FD*	0.3242	0.2238	1.646	0.0001
金融发展水平	*Finance*	45.92	35.798	345	1

（3）银行结构性竞争与县域资金外流的初步相关关系

图 5-3 刻画了银行结构性竞争与县域人均资金外流之间的相关关系，同时给出了二者的拟合线。从图 5-3 中可以看出，县域银行结构性竞争与人均资金外流的散点分布结构较为集中，但是呈现出明显的负向相关关系，即随着银行结构性竞争程度的增强，县域的人均资金外流呈现下降的趋势。

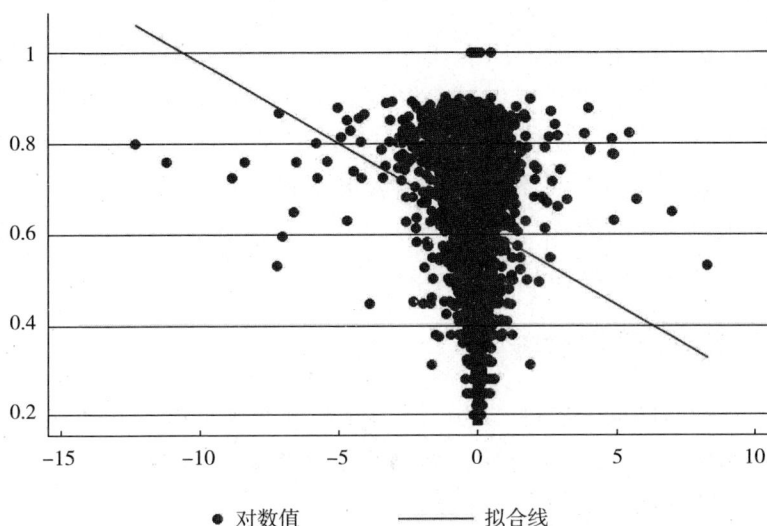

● 对数值　　　——　拟合线

图 5-3　县域银行结构性竞争与资金外流的散点图

5.2　计量结果及分析

5.2.1　基准回归结果

表 5-3 报告了银行结构性竞争对县域资金外流的基准回归结果。在表 5-3 的第（1）、第（2）列中，用赫芬达尔指数（HHI 指数）计算的银行结构性竞争作为核心解释变量，在第（3）、第（4）列中，前三大银行分支机构占比计算的银行结构性竞争作为核心解释变量。具体分析如下：在第（1）列中，没有添加任何控制变量，仅仅控制了地区固定效应与时间固定效应，估计结果显示，银行结构性竞争的系数在 1% 水平下显著为负，即银行结构性竞争程度的提升能够抑制县域资金的外流；在第（2）列中，控制了县域的经济特征以及经济发展质量的影响因素后，银行结构性竞争的系数依旧显著为负。此外，第（3）、第（4）列的结果显示，用前三大银行分支机构占比计算的银行结构性竞争的系数同样为负，且在 1% 水平下显著，这与采用 HHI 指数计算的银行结构性竞争的估计结果保持一致。综合来看，表 5-2 的估计结果为本书的主要研究假设提供了经验证据，说明银行结构性竞争程度的提升能够抑制县域资金外流，即有利于将县域资金更

多地运用于本地。

银行结构性竞争可能的原因在于，县域内银行分支机构增长幅度更高的农信社、村镇银行以及城市商业银行，均属于规模较小的银行，其信贷决策更加依赖于企业的软信息（林毅夫和李永军，2001）。银行结构性竞争程度的提升，不仅不会破坏原有农村信用社的关系型借贷，而且有利于改进农村信用社的经营效率，策略性地加大"软信息"的搜集与甄别力度、增加关系借贷投资，从而有利于资金的本地投放。

5.2.2　稳健性检验

前文经过实证检验发现，银行结构性竞争能够抑制县域资金外流。为了增强本书估计结果的可靠性，本书将从替换核心解释变量、样本选择、更换估计方法等方式进行稳健性分析。

（1）替换核心解释变量。本书利用县域层面的 HHI 指数以及 CR3 指数分别测算了银行结构性竞争水平，用这两种指标分别进行估计，这本身是一种替换解释变量的方法。另外，根据前文所述，通过构造地级行政区的 HHI 指数与 CR3 指数，分别计算地级市的银行结构性竞争水平，并代入模型中进行回归估计。估计结果见表 5-4 的第（1）、第（2）列，发现地级市银行结构性竞争程度的提升同样能够显著抑制县域资金外流，与前文的基准回归结果保持一致。

表 5-3　银行结构性竞争与县域资金外流：基准回归

变量	（1）	（2）	（3）	（4）
Bankcomp_HHI	-0.1662^{***} (-5.09)	-0.1978^{***} (-5.56)		
Bankcomp_CR3			-0.3651^{***} (-3.94)	-0.3605^{***} (-3.96)
RGDP		-0.1501^{*} (-1.83)		-0.1459^{*} (-1.78)
Output		-0.0115^{**} (-2.04)		-0.0113^{**} (-2.00)
Add		0.0232 (0.58)		0.019 (0.48)

续表

变量	（1）	（2）	（3）	（4）
FIXED		−0.0434***		−0.0467***
		（−3.98）		（−3.97）
FD		0.0008		0.0008
		（0.48）		（1.43）
Finance		0.0004*		0.0003
		（1.65）		（0.99）
地区固定效应	是	是	是	是
时间固定效应	是	是	是	是
Adj R-squared	0.0193	0.0250	0.0260	0.0285
N	21516	21516	21516	21516

注：*、**、***分别代表在10%、5%、1%的水平下通过了显著性检验，括号内为 t 统计量。所有回归结果的标准误差经县域层面聚类调整。

表5-4　稳健性检验：替换解释变量与更换估计方法

变量	解释变量为地级市层面		系统广义矩估计（*SYS-GMM*）	
	（1）	（2）	（3）	（4）
l. CF			0.0561**	0.0846***
			（2.16）	（2.77）
Bankcomp_HHI	−0.1955***		−0.2253***	
	（−3.07）		（−5.03）	
Bankcomp_CR3		−0.2583***		−0.3219***
		（−4.69）		（−5.52）
RGDP	−0.0983**	−0.0741**	−0.0632*	−0.0718**
	（−2.13）	（−2.07）	（−1.91）	（−1.98）
Output	−0.0184*	−0.0238*	−0.0146**	−0.0109**
	（−1.74）	（−1.88）	（−2.08）	（−2.11）
Add	0.0091	−0.0017	0.0038	0.0016
	（0.89）	（−0.16）	（0.57）	（0.85）
FIXED	−0.0387***	−0.0169***	−0.0217***	−0.0305***
	（−3.21）	（−3.65）	（−4.13）	（−3.79）
FD	0.0013	0.0008	−0.0005	0.0008
	（0.22）	（0.59）	（−0.44）	（0.31）

变量	解释变量为地级市层面		系统广义矩估计（SYS-GMM）	
	（1）	（2）	（3）	（4）
Finance	0.0001	0.0005 *	0.0005 *	0.0003 *
	(1.45)	(1.71)	(1.76)	(1.68)
地区固定效应	是	是	是	是
时间固定效应	是	是	是	是
Sargan test			0.352	0.492
AR（1）			0.219	0.248
AR（2）			0.461	0.325
Adj R-squared	0.0593	0.0837		
N	21516	21516	19723	19723

注：同表 5-3。

（2）更换估计方法。前文仅仅使用双向固定效应方法进行基准回归，其中标准误经县域层面聚类进行调整。余壮雄和杨扬（2014）指出资本在区域间的流动不仅受到市场力量的驱动，还受到政府力量的引导。在现实的经济活动中，县域资金流动一般是以动态形式存在的，即当期资金的流动趋势会受到其往期流动水平的持续性影响。因此，本书尝试在计量模型中添加资金外流的滞后项，使原本的计量模型变成一个动态模型。因此，本书将换用系统广义矩估计方法（SYS-GMM），重新检验银行结构性竞争与县域资金外流之间的关系，估计结果见表 5-4 的第（3）列。我们发现，在 SYS-GMM 方法估计下，银行结构性竞争的估计系数仍然显著为正，说明县域银行结构性竞争能够显著抑制县域资金外流的结论依然成立，再一次验证了基准回归结果的可靠性。

（3）样本重新选择。考虑到县域的行政因素以及研究样本的时间因素，本书从两个方面进行样本重新选择。第一，在中国的特定体制背景下，省会城市往往是省域金融体系的中心，其拥有省域大部分的金融资源，包括商业银行、证券以及保险资产。省会城市直接管辖的县级行政区会受到这种金融中心的辐射作用，而其他县由于信贷本地市场特征的影响，受到金融中心辐射的作用会远远小于省会城市直接管辖的县，更多的是受到县域内银行结构性竞争的影响。因此，本书将省会城市管辖的县级行政区剔除掉后，重新检验银行结构性竞争与县域资金外流之间的关系。第二，王雪和何广文（2019）指出，尽管银行业金融机构准入放松政策于

2006 年开始实施，但是一直到 2010 年，增量结构调整效应才开始凸显，银行结构性竞争水平得以提升，并且在 2010 年后，监管当局开始不断鼓励县域法人金融机构将新增存款主要用于当地贷款，县域资金外流趋势得到缓解。因此，本书将研究时期划分为 2004—2010 年和 2011—2016 年的两个样本，检验银行结构性竞争与县域资金外流之间的关系。两种样本选择的估计结果见表 5-5，通过样本重新选择的实证检验并未改变前文的主要结论。同时根据第（3）、第(4) 列的结果，2010 年以后，银行结构性竞争对县域资金外流的抑制作用得到了加强。

表 5-5　稳健性检验：样本重新选择

变量	剔除省会城市管辖的县		2004—2010 年	2011—2016 年
	（1）	（2）	（3）	（4）
Bankcomp_HHI	−0.1707***		−0.1338***	−0.4069***
	（−4.83）		（−5.23）	（−3.14）
Bankcomp_CR3		−0.3462***		
		（−5.09）		
RGDP	−0.1078**	−0.0713**	−0.0366*	−0.0438**
	（−2.32）	（−2.24）	（−1.88）	（−2.07）
Output	−0.0274**	−0.0359**	−0.0205**	−0.0153**
	（−2.04）	（−2.18）	（−2.00）	（−2.37）
Add	0.0018	0.0023	0.0008	0.0035
	（1.17）	（0.76）	（0.51）	（0.34）
FIXED	−0.0751***	−0.0601***	−0.0164***	−0.0047***
	（−3.86）	（−3.59）	（−3.13）	（−2.79）
FD	0.0002	0.0003	0.0005	0.0001
	（0.29）	（0.30）	（0.97）	（0.07）
Finance	0.0017*	0.0015*	0.0005*	0.0028*
	（1.75）	（1.78）	（1.86）	（2.22）
地区固定效应	是	是	是	是
时间固定效应	是	是	是	是
Adj R-squared	0.0376	0.0528	0.0772	0.0429
N	21144	21144	10758	10758

注：同表 5-3。

5.2.3 内生性与工具变量

为了检验银行结构性竞争对县域资金外流的影响，本书设定的计量模型可能存在两个方面的内生性问题。一方面，本书的模型可能忽略了一些难以衡量的影响县域资金外流的重要因素，遗漏变量是导致内生性的重要原因之一；另一方面，银行结构性竞争与县域资金外流之间可能存在逆向因果关系，即县域资金外流会反过来影响银行结构性竞争程度，从而导致内生性问题。县域资金大量向外流出，间接反映了当地拥有较为丰富的储蓄，当中央政府实施中小银行异地市场进入管制放松政策后，从逐利的角度来看，中小银行更愿意在这些储蓄较多的地区设置分支机构，进而引起地区银行结构性竞争程度的加剧。但是，在中国金融监管体制下，中资商业银行分支机构的筹建需由其总行向当地银监局提交申请，由银监局审查并批准筹建。申请获批后，筹建期通常在半年左右，而且，筹建完成后的正式开业同样需由当地的银监局批准。此外，商业银行在筹建分支机构的过程中，需要较长时间准备营业场所和招聘员工。商业银行从计划设立分支机构到正式开业的整个过程通常无法在一年内完成。因此，当年的银行结构性竞争本身就具有一定的外生性，能够部分缓解因逆向因果关系导致的内生性问题。

为了进一步解决内生性问题，本书参考 Chong 等（2013）与张杰等（2017）的做法，选取县所在省份内 GDP 规模最为接近的三个其他县的银行结构性竞争的加权平均值作为相应的工具变量。一方面，同一省份内经济发展水平接近的地区，往往也是同一类型银行甚至不同类型银行筹建分支机构决策动机相似的地区，并且政府管制在同一省份内经济发展水平接近的地区具有相似性。因此，选取的工具变量必然与本县的银行结构性竞争程度具有高度相关性。另一方面，县域资金大多通过本县金融系统上存至地级市的上一级支行或者省会城市的总行使资金外流，难以通过其他县的金融机构外流。因而，其他县域的银行结构性竞争并不会直接影响本县的资金外流。除了上述的工具变量外，本书还选择县所在省份内与该县相邻的其他县的银行结构性竞争的加权平均值作为另一种工具变量，原因在于，在区域维度的工具变量选择中，采用邻近区域的均值是一个较为通用且可行的做法。工具变量法的估计结果见表 5-6，根据识别不足检验与弱工具变量检验的估计结果，本书选择的工具变量存在着较强的相关性，而且不存在弱工具变量问题，用该方法控制了内生性问题后，所得的实证结果与前文的基准回归没有较大差异，这表明本书的研究结论是稳健且可靠的。

表 5-6　工具变量法的估计结果

变量	GDP 接近县加权平均值作为工具变量		邻近县加权平均值作为工具变量	
	（1）	（2）	（3）	（4）
Bankcomp_HHI	−0.0942*** (−3.17)		−0.1205** (−2.28)	
Bankcomp_CR3		−0.2486*** (−3.41)		−0.2952*** (−2.89)
RGDP	−0.0214* (−1.82)	−0.0313** (−2.04)	−0.0276* (−1.89)	−0.0383** (−2.16)
Output	−0.0713** (−2.40)	−0.0498** (−2.43)	−0.687** (−2.38)	−0.0455** (−2.33)
Add	0.0074 (0.17)	0.0053 (0.67)	0.0031 (0.64)	0.0026 (0.36)
FIXED	−0.0385*** (−2.81)	−0.0296*** (−2.99)	−0.0478*** (−4.01)	−0.0402*** (−3.72)
FD	0.0001 (0.06)	0.0002 (0.21)	0.0001 (020)	0.0001 (0.15)
Finance	0.0004 (1.26)	0.0005* (1.69)	0.0004* (1.73)	0.0002* (1.80)
地区固定效应	是	是	是	是
时间固定效应	是	是	是	是
识别不足检验	253.106 (0.000)	415.954 (0.000)	495.135 (0.000)	303.583 (0.000)
弱工具变量检验（*RKF* 检验）	941.693 (16.38)	1354.329 (16.38)	853.942 (16.38)	1286.297 (16.38)
Centered R²	0.128	0.231	0.094	0.1
N	21516	21516	21516	21516

注：同表 5-3。

5.3 进一步研究

基于理论分析与实证检验可知，银行结构性竞争抑制了县域资金外流，有利于资金的本地投放。银行业市场准入放松之后，县域银行机构主体逐渐呈现多元化，竞争性的银行业市场结构逐步形成。正是由于不同类型银行机构对资金的利用情况有着不同的考量，才引致结构性竞争有利于资金的本地投放。因此，本书需要进一步检验不同类型的银行机构对县域资金外流的差异性作用。另外，也需要思考在具有不同特征的县域中，银行结构性竞争的影响对县域资金的作用是否相同？为了阐述清楚银行结构性竞争的具体作用，本书将进一步从县域内不同类型银行的差异性作用以及县域之间不同特征银行结构性竞争的异质性作用两个方面展开讨论。

5.3.1 不同类型银行的差异性作用

为了检验不同类型银行对县域资金外流是否存在差异性作用，以及不同类型银行占比对银行结构性竞争影响县域资金外流的调节作用，本书在计量模型（5-1）中加入了不同类型银行的市场结构份额及其与银行结构性竞争指数的交乘项，进而形成了如下的计量模型（5-6）。

$$CF_{it} = \alpha_0 + \alpha_1 Bankcomp_{it} + \alpha_2 MS + \alpha_3 Bankcomp_{it} \times MS +$$

$$\beta_j \sum_{j=1}^{n} Control_{jit} + \mu_i + \delta_t + \varepsilon_{it} \tag{5-6}$$

其中，MS 为不同类型银行的市场份额，用同一种类型银行的分支机构数量占全部银行分支机构数量的比重表示。本书选取了四种不同类型银行作为代表，分别为农村信用社（RCB）、村镇银行（VB）、国有商业银行（SOB）以及邮政储蓄银行（PSB），用于考察不同类型银行对县域信贷资金的差异性作用。Bankcomp 与 MS 的交乘项用于检验不同类型银行占比对银行结构性竞争影响县域资金外流的调节作用。回归结果见表 5-7。

表 5-7 第（1）列的结果显示，RCB 的系数与 Bankcomp×RCB 的系数均在 5% 的水平下通过了显著性检验，农村信用社对县域资金外流的影响程度应为 0.0693−0.1185×Bankcomp，根据前文的描述性统计可知 Bankcomp 的均值为 0.610，因此，农村商业银行对县域资金外流的平均作用为−0.003，这表明，农村信用社比重的增加能够抑制县域资金外流。从交乘项的系数显著为负来看，农村信用社占比越高，银行结构性竞争对县域资金外流的抑

制作用越强。

表 5-7 第（2）列的结果显示，VB 的系数不显著，Bankcomp×VB 的系数在 1% 的水平下显著为负，因此，村镇银行比重的增加同样能够显著抑制县域资金外流。同时，村镇银行占比越高，银行结构性竞争对县域资金外流的抑制作用越强。农村信用社与村镇银行通常根植于县域，业务范围是严格按照县域划分的，具体的信贷政策方针会根据县域经济特点制定，更倾向于服务"三农"以及本地工业企业等中小客户群体。另外，农村信用社与村镇银行的规模偏小，根据"小银行优势"理论，小银行的内部组织层级较少、与目标客户的实际距离较近，在服务本地"三农"与中小企业时，处理"软信息"和关系借贷投资方面更具有优势。因此，农村信用社与村镇银行的比重增加有利于县域资金的本地投放，以及增强银行结构性竞争对县域资金外流的抑制作用。

表 5-7 第（3）列的结果显示，SOB 的系数在 1% 水平下显著为负，而 Bankcomp×SOB 的系数均在 5% 的水平下显著为正，国有商业对县域资金外流的影响程度应为 $-0.1278+0.2188\times\text{Bankcomp}$，从前文可知 Bankcomp 的均值为 0.610，因此，国有商业银行对县域资金外流的平均作用为 0.0057，这表明，国有商业银行比重的增加能够促进县域资金外流。从交乘项的系数显著为正来看，国有商业银行占比越高，银行结构性竞争对县域资金外流的抑制作用越弱，越不利于资金的本地投放。首先，从规模来看，国有商业银行的组织层级较多，在处理主要依靠"软信息"的县域信贷业务时，潜在的交易成本与监督成本较高，表现为"组织不经济"（Stein，2002）。其次，虽然国有商业银行在县域均设立了营业网点，但是县域的贷款审批权限控制在省级或地市级的分支机构，其信贷业务流程过长、效率较低。最后，从银行产权性质来看，国有商业银行的信贷流向较为集中，主要是地方政府支持的国有企业或者大项目、具有发展潜力的创新型项目，以及传统风险评估较差的企业与项目，均被排斥在外。因此，国有商业银行比重的增加会加速县域资金外流，削弱银行结构性竞争的作用。

表 5-7　不同类型银行的差异性作用

变量	（1）	（2）	（3）	（4）
Bankcomp_HHI	−0.1731***	−0.2045***	−0.3021***	−0.1794***
	（−4.34）	（−5.54）	（−4.46）	（−4.65）
RCB×Bankcomp_HHI	−0.1185**			
	（−2.05）			
RCB	0.0693***			
	（3.12）			
VB×Bankcomp_HHI		−0.1630***		
		（−3.09）		
VB		0.2551		
		（0.24）		
SOB×Bankcomp_HHI			0.2188**	
			（2.37）	
SOB			−0.1278***	
			（−2.59）	
PSB×Bankcomp_HHI				−0.2336
				（−0.80）
PSB				0.0291
				（0.45）
控制变量	是	是	是	是
地区固定效应	是	是	是	是
时间固定效应	是	是	是	是
Adj R-squared	0.0268	0.0263	0.0254	0.0258
N	21516	21516	21516	21516

　　注：*、**、***分别代表在10%、5%、1%的水平下通过了显著性检验，括号内为t统计量。回归结果的标准误差经县域层面聚类调整。由于篇幅原因简化该表控制变量，所有控制变量同表5-3。

　　表5-7第（4）列的结果显示，PSB的系数以及Bankcomp×PSB的系数均未通过显著性检验，表明邮政储蓄银行对县域资金外流没有产生统计学意义上的作用。可能的原因在于，首先，尽管邮政储蓄所的营业网点较多，其中近三分之二分布于县域以及农村地区，但其长期作为"只存不贷"的银行机构，充当了县域金融的"抽水机"，加剧了资金外流。其次，为了让邮政储蓄所吸收的存款反哺本地，体现服务"三农"的战略，国务院同

意、银监会批准邮政储蓄银行于 2007 年正式成立，部分缓解了县域资金外流，有利于资金的本地投放。最后，邮政储蓄银行作为全国性的商业银行，具有"大银行"的弊端，其采取一级法人制，制定的是统一信贷利率，灵活性较差，贷款竞争不具备优势，表现为不利于资金本地投放。因此，综合来看，邮政储蓄银行对于县域资金外流并未表现出统计学意义上的作用。

5.3.2　异质性作用分析

由于各个县级行政区在行政地位、财政因素等方面均存在较大差异，那么，银行结构性竞争对县域资金外流的作用是否存在异质性呢？本节将从县域异质性特征的角度进行探讨，有助于进一步理解银行结构性竞争的作用。因此，本节将分别从行政地位与财政因素两个方面，对不同县域进行分组以考察银行结构性竞争作用的异质性。

（1）行政地位。中国县级行政区主要包括市辖区、县和县级市三种类型。不同类型的县级行政区在初始禀赋与资源获取能力上存在较大的差距。市辖区隶属于地级市，并由地级市直接管辖，能够与地级市的行政体系相互联动，享受地级市的辐射作用。县与县级市具有相对独立的自主权，但二者之间存在一些差异，虽然县与县级市同为县级行政单位，但是县级市在人员与资金配置方面均是按照市的规则进行安排，在城市管理与建设层面更容易实现自主权，在土地出让与招商引资方面更具有优势，经济活力较高。考虑到二者之间的差异，本书将定义一个变量 CLC，当县级行政区是县级市时，该变量取值为 1，而县级行政区为县时，该变量则取值为 0。进一步将变量 CLC 与银行结构性竞争进行交乘，加入计量模型（1）进行估计，估计结果见表 5-8 第（1）列。结果显示，CLC×Bankcomp 的系数显著为负，表明相较于县级行政区为县时，县级市的银行结构性竞争对其县域资金外流的抑制作用更强。其主要原因可能在于，县级市的经济活力较强，银行能够服务的潜在目标群体较为广泛，银行结构性竞争程度的提升有利于信贷资金的本地投放，从而抑制资金的外流。

表 5-8　银行结构性竞争对县域资金外流的异质性作用

变量	（1）	（2）
Bankcomp_HHI	-0.1605^{***} (-4.66)	-0.2591^{***} (-4.95)

变量	（1）	（2）
$CLC×Bankcomp\_HHI$	-0.2042^{***} (-2.59)	
$PC×Bankcomp\_HHI$		0.1290^{**} (1.97)
控制变量	是	是
地区固定效应	是	是
时间固定效应	是	是
$Adj\ R-squared$	0.0269	0.0252
N	21516	21516

注：其中的 CLC 以及 PC 单独项的估计结果会被双向固定效应模型忽略，控制变量同表5-3。

（2）财政因素。在发展性政府的制度框架下，财政是地方政府推动县域经济发展资金的重要来源。设立贫困县是国家扶贫开发政策中的重要措施，贫困县主要集聚在中西部地区，以革命老区、山区县、民族县以及边疆县为主，地理自然条件较差、经济发展水平较低，贫困县每年可以从中央或者省级政府获取数量可观的财政专项扶贫资金，同时在经济开发、贴息贷款以及税收方面均有优惠政策。由于贫困县与非贫困县在获得财政转移资金方面存在巨大的差异性，需要考察银行结构性竞争是否具有差异化的影响。本书将全部县域划分为贫困县与非贫困县，其中贫困县为572个，非贫困县为1221个，并定义一个变量 PC，当县级行政区为贫困县时，该变量取值为1，否则取值为0，并将该变量 PC 与银行结构性竞争进行交乘，加入计量模型（1）中进行估计，结果见表5-8。本书发现，无论是贫困县还是非贫困县，银行结构性竞争都能够抑制资金外流。同时发现，PC×bankcomp 的系数显著为正，表明相较于非贫困县而言，在贫困县的样本中，银行结构性竞争对县域资金外流的抑制作用较小。原因可能在于，一方面，贫困县在经济发展方面的财税优惠政策扭曲了资本价格，加剧了不正当竞争、寻租以及合谋等恶性竞争，从而弱化了银行竞争体系的激励效应，降低了银行信贷资金本地投放的意愿。另一方面，贫困县的经济活跃程度较低，潜在目标客户群体较少，资金需求较低，同时金融基础设施相对较差，导致银行结构性竞争的作用无法得到充分发挥。

5.4　研究结论

　　本章基于中国银监会公布的金融许可证数据构造了县域银行结构性竞争指标，并结合 2004—2016 年中国 1793 个县域数据，考察了银行结构性竞争对县域资金外流的影响，并实证检验了县域内不同类型银行的差异性作用以及不同特征县域之间银行结构性竞争的异质性作用，最后探讨了县域银行结构性竞争对资金外流的作用是否存在区域的异质性。本章得到的主要结论有：

　　第一，本章利用当年存贷款余额差值与上一年存贷款余额差值的差值衡量当年的县域资金外流规模。从整体层面上，县域人均资金净流出量呈现不断波动的趋势，县域资金的相对流出与流入状态交替出现。将所有县域划分为贫困县与非贫困县，在贫困县的样本中，县域资金的相对流出与流入状态交替出现，大部分时间均处于相对流出状态。在非贫困县的样本中，县域资金外流趋势与整体的趋势大致相仿，但是更多的时候是处于相对流入的状态。贫困县的资金外流问题要比非贫困县的更为严重。将所有县域按地理区位划分为东部地区、中部地区以及西部地区。无论是东部地区，还是中西部地区，县域的人均资金外流均呈现不断波动的状态。但是在东部地区的样本中，除了个别年份以外，县域资金均处于相对净流入的状态。在中部地区的样本中，除了 2009 年，其余年份的县域资金均处于相对净流出状态。在西部地区的样本中，2009 年以后，县域资金均处于相对净流入状态。中部地区是县域资金外流的主要地区。

　　第二，本章基于实证研究发现银行结构性竞争程度的提升能够抑制县域资金外流，有利于资金的本地投放，同时通过一系列稳健性检验，包括替换核心解释变量、更换估计方法与样本重新选择等方法，并且在考虑内生性问题的情况下运用工具变量法，本书的研究结论依旧成立。进一步的影响机制检验发现，县域内不同类型银行对资金外流存在差异性作用，其中根植于县域本地的农村信用社和村镇银行两类银行机构能够显著抑制资金外流，国有五大商业银行会促使县域资金外流，继续充当县域资金的"抽水机"角色，而邮政储蓄银行对县域资金外流并未产生显著性影响。通过将样本划分为县与县级市、贫困县与非贫困县，发现总体上，银行结构性竞争均能够显著抑制县域资金外流。但是，这种抑制作用存在异质性。相较于县与贫困县而言，当县级行政区为县级市与非贫困县时，银行结构性竞争对县域资金外流的抑制作用更强，更加有利于信贷资金的本地投放。

第6章　银行结构性竞争与县域产业发展

改革开放 40 多年来，中国经济发展取得了举世瞩目的成就，中国已经成为仅次于美国的世界第二大经济体，其中制造业产业发展的贡献举足轻重。目前，中国拥有 41 个工业大类、191 个中类以及 525 个小类，是全世界唯一拥有联合国产业分类中全部工业门类的国家，中国制造已经享誉全球。根据工信部的统计数据，在中国所有的工业产品中，220 余种工业产品的产量高居世界第一，例如玩具、服装、家电、钢铁等，制造业的增加值占全世界的比重高达 28% 以上，已然成为名副其实的"制造业大国"。但是制造业企业更多地布局在城市内，县域内的企业比例较低。

根据中国县域经济统计年鉴的统计数据可知，2005 年中国县域的第一、第二与第三产业的平均比例为 28.43∶38.85∶32.72，到了 2016 年，这个比例变成了 19.74∶41.76∶38.5。虽然第二产业与第三产业的比重均有所上升，但是依旧处于工业化初期的水平，第一产业的比重有所下降，但是依旧过高，具体描述见图 6-1。县域经济的发展更多的是依赖以农业、初级产品生产以及传统服务业为主的产业，县域经济的工业化发展严重滞后。县域广泛存在的金融排斥问题，尤其是信贷排斥问题，使得县域内的企业与个人难以获取银行信贷资金。金融约束在较大程度上能够影响企业的经营决策，包括企业的扩张与选址决策，从而制约地区的产业发展。

为了满足县域经济、中小微企业以及"三农"领域对金融服务的需求，银保监会采取设立新型农村金融机构、放松县域的银行市场准入限制等措施，加快建设具有差异化与特色化的县域银行体系。现阶段，县域的银行体系以农村商业银行、农村信用社、邮政储蓄银行、国有商业银行以及村镇银行为主，多元化与竞争性银行体系已然形成。推动县域银行体系的改革、构建竞争性的银行结构的目的是，优化银行业的市场结构，缓解或者解决县域经济发展中的资金需求，从而推动县域产业发展。

本章在明确核心解释变量与被解释变量的测度指标上，采用县级层面的面板数据，运用固定效应模型、系统广义矩、两阶段最小二乘法等多种估计方法，实证研究银行结构性竞争对县域产业发展的影响以及区域差异性，从而探讨与解析如下问题：第一，现实中县域银行结构性竞争程度的增强能否有效促进产业发展；第二，县域银行结构性竞争的增强通过何种渠道影响产业发展；第三，在银行结构性竞争程度相同的情况下，何种类型对县域产业发展的影响更大；第四，县域银行结构性竞争对产业发展的作用是否存在区域的异质性。

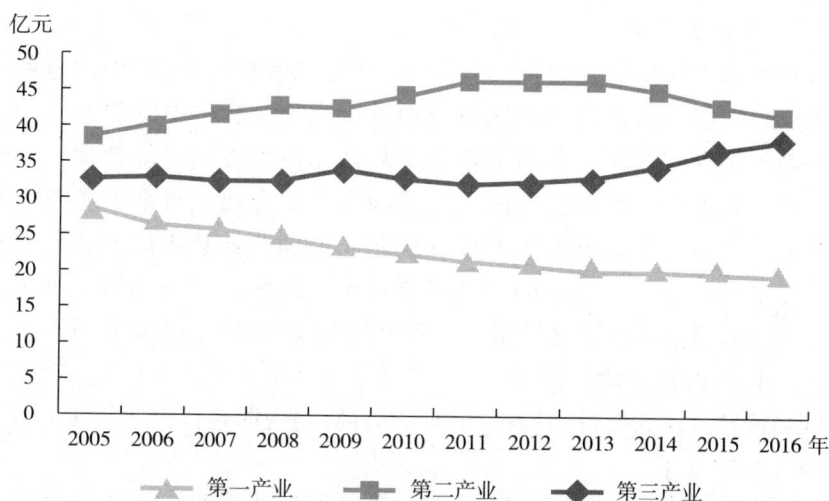

图 6-1　中国县域产业结构的变动情况（2005—2016 年）

6.1　模型设定、变量选择与描述性统计

6.1.1　模型设定

本章所要检验的是银行结构性竞争对县域产业发展的影响，根据理论分析的假设命题，本章将基本计量回归模型设定如下：

$$Y_{it} = \alpha_0 + \alpha_1 Bankcomp_{it} + \beta_j \sum_{j=1}^{n} Control_{jit} + \mu_i + \delta_t + \varepsilon_{it} \qquad (6-1)$$

其中，i 表示县域，t 表示年份，Y 表示县域产业发展，$Bankcomp$ 表示县域的银行结构性竞争程度，$Control$ 表示模型中控制变量的集合。以上各种变量的具体衡量方式在后续变量选择一节中进行了详细阐述。同时，本章还加入了地区固定效应 μ 与时间固定效应 δ，用以捕捉无法观测的异质性因素以及共同冲击的影响。ε 表示随机扰动项。所用模型采用稳健性标准误，并且聚类到县域层面。

6.1.2 变量选择

本章选取了 2004—2016 年中国 1793 个县（不包含市辖区）的面板数据，数据主要来源于 CSMAR 数据库、《中国县域统计年鉴》、各省的统计年鉴以及中国银监会网站。本章所涉及的核心变量处理如下：

（1）产业发展指标

本章所使用的产业发展指标采用《中国县域统计年鉴》中披露的规模以上工业总产值和第二产业增加值分别进行衡量，后文中以前者作为主要的被解释变量进行估计。中国工业企业数据库被学者们广泛使用，其样本包括全部国有工业企业以及规模以上非国有工业企业，将其中所有微观企业的工业总产值、工业销售产值以及从业人员加总到县级层面，能够从不同维度较好地反映一个县域的产业发展情况。因此，本章利用中国工业企业数据库中的微观企业加总数据，构建不同维度的指标做稳健性检验。

（2）核心解释变量

核心解释变量为银行结构性竞争，其计算与说明具体见 4.2.3。

（3）控制变量

在本章的研究中，除了银行结构性竞争外，县域的其他特征同样可能会对产业发展产生潜在的影响，从而导致估计结果产生偏差。本章结合县域数据的可得性，选取了三类控制变量。第一类控制变量反映了县域的经济情况与人口特征，一般而言，经济发展好的地区，其产业发展相对完备，而且劳动力水平较高的地区，容易形成规模经济以及降低生产成本，从而有利于工业发展。因此，本章采用人均实际 GDP 的对数值表示经济发展情况，利用户籍总人口的对数值表征劳动力水平。第二类控制变量反映了县域的资本情况。各县储蓄存款能够转化为投资，能够促进资本形成，进而有利于增加资本存量，资本存量的多寡对县域工业发展有着重要的作用。因此，本章采用居民储蓄存款余额与名义地区生产总值的比值表示储蓄水平，采用固定资产投资与名义地区生产总值的比值衡量固定资产投资水平。第三类控制变量反映了县域的财政情况。良好的财政状况有利于县域公共产品的正常供给，能够保证教科文卫的良好建设，从而为县域产业发展提供良好的外部环境。因此，本章采用政府财政一般预算内支出与财政一般预算内收入的比值衡量财政自主度（FD）。另外，本章还加入了县域虚拟变量以及时间虚拟变量，用以控制不随时间与县域变化的其他因素的冲击。

6.1.3 描述性统计分析

（1）县域产业发展的统计分析

表 6-1 与图 6-2 分别列出了整体、贫困县与非贫困县 2004—2016 年期间的产业发展情况与变动趋势。整体上，中国各县域第二产业增加值的均值从 2004 年的 16.9885 亿元增长到 2016 年的 83.4757 亿元，年均增长率高达 14.18%，规模以上工业总产值的均值从 2004 年的 28.8707 亿元增长到 2016 年的 286.2078 亿元，年均增长率高达 21.07%。2004—2012 年，无论是第二产业增加值，还是规模以上工业总产值，都得到了高速的增长，年均增长率分别为 19.59% 与 28.14%，分别较平均增长率高出 5.41 个与 7.07 个百分点。2012 年以后，增长速度趋缓，年均增长率分别为 4.11% 与 8.07%，远低于平均增长率。

将中国各县域分为贫困县与非贫困县的两个样本，在贫困县的样本中，第二产业增加值从 2004 年的 5.0272 亿元增长到 2016 年的 31.3951 亿元，年均增长率高达 16.49%；规模以上工业总产值从 2004 年的 5.3353 亿元增长到 2016 年的 83.1961 亿元，年均增长率高达 25.72%。而在非贫困县的样本中，第二产业增加值从 2004 年的 22.4537 亿元增长到 2016 年的 107.3142 亿元，年均增长率为 13.92%；规模以上工业总产值从 2004 年的 39.3668 亿元增长到 2016 年的 376.8974 亿元，年均增长率为 20.71%。虽然贫困县的第二产业增加值与规模以上工业总产值的绝对值要远低于非贫困县，但是二者的年均增长率均大于非贫困县，分别高出 2.57 个与 5.01 个百分点。

表 6-1 县域产业发展的情况：整体、贫困县以及非贫困县

年份	第二产业增加值（亿元）			规模以上工业总产值（亿元）		
	整体	非贫困县	贫困县	整体	非贫困县	贫困县
2004	16.9885	22.4537	5.0272	28.8707	39.3668	5.3353
2005	20.0436	26.5158	5.9036	40.3299	55.2825	7.4555
2006	24.6554	32.4328	7.4008	53.6675	73.3378	10.4111
2007	30.2592	39.9065	9.1996	72.5749	98.3242	15.4888
2008	37.6613	49.4914	11.8155	95.4291	129.1016	20.2804
2009	41.7006	54.7148	13.2681	110.0457	148.7771	23.9053
2010	51.1466	66.9427	16.6592	145.0357	194.6973	34.1127
2011	63.0323	82.0892	21.5573	183.7378	245.2921	45.8923

年份	第二产业增加值（亿元）			规模以上工业总产值（亿元）		
	整体	非贫困县	贫困县	整体	非贫困县	贫困县
2012	71.0063	92.0134	25.1116	209.8119	279.6788	54.0538
2013	77.6246	100.4070	27.9729	239.1930	318.0071	63.1989
2014	81.0327	104.4126	29.9541	263.8786	349.8249	71.7633
2015	80.6622	104.0002	29.6751	274.1978	363.1656	75.7312
2016	83.4757	107.3142	31.3951	286.2078	376.8974	83.1961

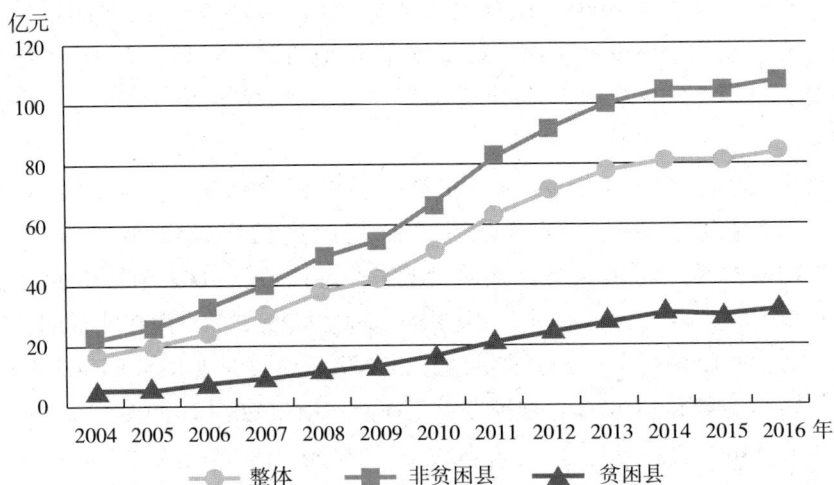

图 6-2　整体、贫困县与非贫困县的第二产业增加值的变动趋势

表 6-2 与图 6-3 分别列出了东、中与西部地区县域 2004—2016 年产业发展情况与变动趋势。在东部地区的样本中，县域的第二产业增加值从 2004 年的 36.7710 亿元增长到 2016 年的 144.3263 亿元，年均增长率为 12.07%；规模以上工业总产值从 2004 年的 74.2738 亿元增长到 2016 年的 565.1602 亿元，年均增长率为 18.43%。在中部地区的样本中，县域的第二产业增加值从 2004 年的 14.3105 亿元增长到 2016 年的 83.6649 亿元，年均增长率为 15.85%；规模以上工业总产值从 2004 年的 18.9094 亿元增长到 2016 年的 290.3184 亿元，年均增长率为 25.56%。在西部地区的样本中，县域的第二产业增加值从 2004 年的 6.8435 亿元增长到 2016 年的 45.8208 亿元，年均增长率为 16.51%；规模以上工业总产值从 2004 年的 8.4502 亿元增长到 2016 年的 104.5353 亿元，年均增长率为 23.32%。虽然中西部地区县域的第二产业增加值与规模以上工业总

产值的绝对值均远低于东部地区，但是其年均增长率均大于东部地区，这是符合经济增长收敛趋势的。

表 6-2　东部、中部、西部地区县域产业发展的特征

年份	第二产业增加值（亿元）			规模以上工业总产值（亿元）		
	东部	中部	西部	东部	中部	西部
2004	36.7710	14.3105	6.8435	74.2738	18.9094	8.4502
2005	42.9642	17.0528	8.2186	102.9873	26.9629	11.8369
2006	51.3438	21.2522	10.5074	134.8016	37.0643	16.3761
2007	62.0624	26.4903	13.6002	177.0419	52.6584	22.6339
2008	74.8086	34.0563	17.5389	222.4036	72.0457	33.4104
2009	81.1870	38.3247	19.9594	256.2792	86.1449	36.1205
2010	96.8973	48.2375	25.1680	328.9396	120.9536	47.5964
2011	114.7864	61.3997	32.5033	393.3815	162.9960	65.3830
2012	125.6961	69.2790	38.6211	449.3854	187.1006	73.9534
2013	136.5402	75.7561	42.6033	508.1937	217.1920	84.2723
2014	140.7428	79.6429	45.2924	548.4315	247.0701	94.3654
2015	141.1922	79.7232	44.0688	564.8626	261.5850	98.1430
2016	144.3263	83.6649	45.8208	565.1602	290.3184	104.5353

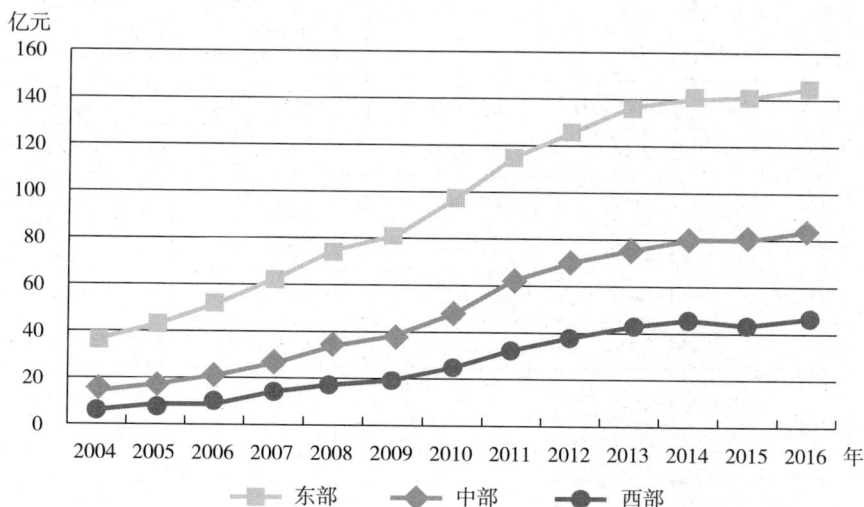

图 6-3　东部、中部与西部地区县域的第二产业增加值的变动趋势

表 6-3 与图 6-4 分别列出了县级市与县在 2004—2016 年期间的产业发

展情况与变动趋势。在县级市的样本中，县域的第二产业增加值从 2004 年的 41.2945 亿元增长到 2016 年的 186.5260 亿元，年均增长率为 13.88%；规模以上工业总产值从 2004 年的 93.5829 亿元增长到 2016 年的 662.1507 亿元，年均增长率为 17.71%。在县的样本中，县域的第二产业增加值从 2004 年的 12.4952 亿元增长到 2016 年的 66.6333 亿元，年均增长率为 14.97%；规模以上工业总产值从 2004 年的 18.4923 亿元增长到 2016 年的 225.3910 亿元，年均增长率为 23.17%。虽然县级市的第二产业增加值与规模以上工业总产值的绝对值均远大于县的，但是其年均增长率却小于县的，这是符合经济增长的收敛趋势的。

表 6-3 县域工业发展的情况：县级市与县

年份	第二产业增加值（亿元）		规模以上工业总产值（亿元）	
	县级市	县	县级市	县
2004	41.2945	12.4952	93.5829	18.4923
2005	50.8180	15.2830	120.6197	27.6186
2006	61.5079	18.9300	157.7465	37.1732
2007	74.1087	23.5154	205.2080	51.4656
2008	90.7581	28.5457	257.8921	67.6208
2009	99.7838	31.7431	294.8569	78.6767
2010	121.1150	39.0920	376.8655	105.4691
2011	146.2395	48.7334	459.8174	136.5680
2012	162.6568	55.3399	520.5443	156.8400
2013	176.1683	60.7847	585.2204	181.4090
2014	181.5374	64.1746	630.4705	203.1113
2015	181.7400	64.0789	650.2926	213.6694
2016	186.5260	66.6333	662.1507	225.3910

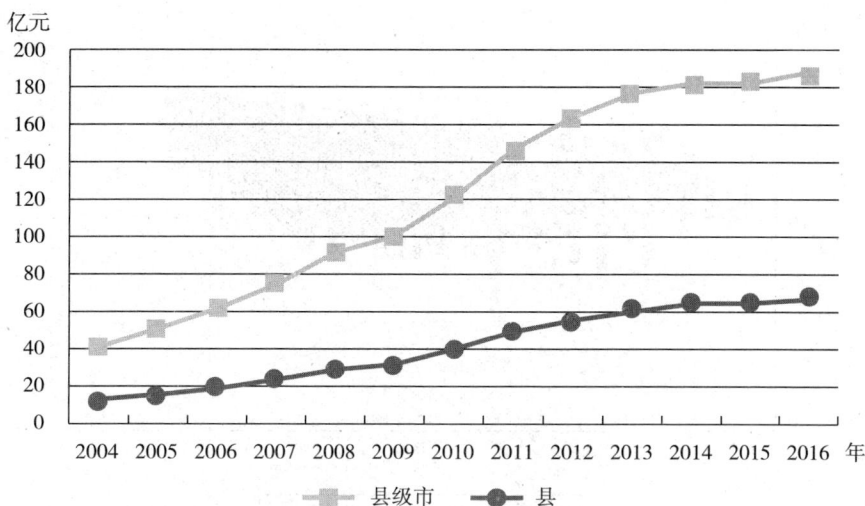

图 6-4　县级市与县的第二产业增加值的变动趋势

（2）控制变量的描述性统计

模型中各控制变量的描述性统计情况见表 6-4。

表 6-4　模型中各控制变量的描述性统计情况

变量名称	变量符号	均值	标准差	最大值	最小值
经济发展水平	RGDP	9.662	0.868	13.471	6.487
劳动力水平（万人）	POP	49.143	35.305	396	1
储蓄水平	SAVE	0.6566	0.3453	16.67	0.0002
固定资产投资水平	FIXED	0.6564	0.5031	10.9258	0.0043
财政自主度	FD	0.3242	0.2238	1.646	0.0001

（3）银行结构性竞争与县域产业发展的初步相关关系

图 6-5 刻画了县域银行结构性竞争与第二产业增加值对数值之间的相关关系，同时给出了二者的拟合线，其中横坐标为银行结构性竞争指标，纵坐标为第二产业增加值的对数值。从图 6-5 中可以看出，县域银行结构性竞争与第二产业增加值对数值的散点分布结构较为集中，但是呈现出明显的正向相关关系，即随着银行结构性竞争程度的增强，县域的第二产业增加值对数值呈现上升的趋势。

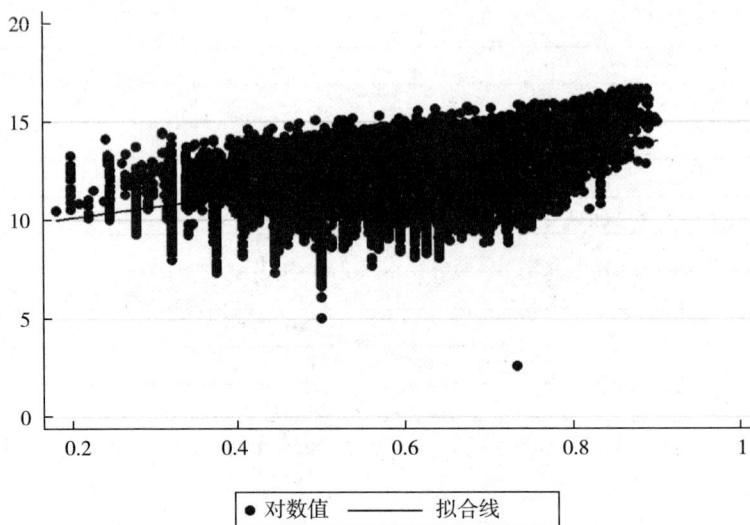

图6-5　县域银行结构性竞争与产业业发展的散点图

6.2　计量结果与分析

6.2.1　基准回归结果

表6-5报告了银行结构性竞争对县域产业发展影响的基准回归结果。在表6-5的第（1）、第（2）列中，采用规模以上工业总产值作为被解释变量，在第（3）、第（4）列中，采用第二产业增加值作为被解释变量，所有的回归均控制了县域的经济特征、地区固定效应以及时间固定效应。具体分析如下：在第（1）列中，分别用赫芬达尔指数计算的银行结构性竞争作为核心解释变量，估计结果显示，银行结构性竞争的系数在5%水平下显著为正；在第（2）列中，前三大银行分支机构占比计算的银行结构性竞争作为核心解释变量，银行结构性竞争的系数依旧显著为正。此外，根据第（3）、第（4）列的结果，用第二产业增加值作为被解释变量的估计系数同样为正，且在1%水平下显著，这与用规模以上工业总产值作为被解释变量的估计结果保持一致。综合来看，表6-5的估计结果为本章的主要研究假设提供了经验证据，说明银行结构性竞争程度的提升确实有利于推动县域产业发展。这可能的原因在于，随着银行结构性竞争程度的提升，无论是

银行为了避免陷入"赢者诅咒"的困境，还是避免因绩效压力导致的利益受损，银行主动通过专业化效应搜集与挖掘企业的软信息，降低企业的交易成本，并且为企业提供信贷支持，促进企业成长，进而推动产业发展。

表 6-5　银行结构性竞争与县域产业发展：基准回归

变量	规模以上工业总产值		第二产业增加值	
	（1）	（2）	（3）	（4）
Bankcomp_HHI	0.0290**		0.0274***	
	（2.23）		（2.78）	
Bankcomp_CR3		0.2408*		0.2228***
		（1.68）		（3.15）
RGDP	1.2100***	1.2113***	1.246***	1.2456***
	（20.84）	（20.79）	（38.48）	（39.73）
POP	1.2414***	1.2445***	1.233***	1.2308***
	（11.88）	（11.75）	（25.75）	（25.82）
SAVE	0.2141***	0.2148***	0.1968***	0.1963***
	（4.48）	（4.48）	（6.11）	（6.09）
FIXED	0.0889***	0.088***	0.0578***	0.0575***
	（6.25）	（6.14）	（9.39）	（9.38）
FD	−0.0002	−0.0002	0.0001	0.0001
	（−1.21）	（−1.20）	（1.23）	（1.25）
地区固定效应	是	是	是	是
时间固定效应	是	是	是	是
Adj R-squared	0.7916	0.7917	0.9155	0.9157
N	23309	23309	23309	23309

注：*、**、***分别代表在 10%、5%、1%的水平下通过了显著性检验，括号内为 t 统计量。所有回归结果的标准误差经县域层面聚类调整。

6.2.2　稳健性检验

上文经过实证检验发现，银行结构性竞争有利于推动县域产业发展。为了增强本章估计结果的可靠性，本章将以替换核心解释变量、替换被解释变量、样本选择、更换估计方法等方式进行稳健性分析。

（1）替换核心解释变量。本章利用县域层面的 HHI 指数以及 CR3 指数分别测算了银行结构性竞争水平，用这两种指标分别进行估计，这本身是一种替换解释变量的方法。另外，根据前文所述，通过构造地级行政区的HHI指数与CR3指数，分别计算地级市的银行结构性竞争程度，并代入模型中进行回归估计。估计结果见表6-6的第（1）、（2）列，发现地级市银行结构性竞争程度的提升能够促进县域产业发展，与前文的基准回归结果保持一致。

表6-6　稳健性检验：替换解释变量与被解释变量

变量	解释变量为地级市层面		工业总产值	销售产值	从业人员
	（1）	（2）	（3）	（4）	（5）
Bankcomp_HHI	0.0481 **		0.0514 ***	0.1285 ***	0.0832 ***
	(2.34)		(3.16)	(4.07)	(2.94)
Bankcomp_CR3		0.1744 *			
		(1.89)			
RGDP	0.9734 ***	0.8359 ***	1.0405 ***	0.9653 ***	0.5035 ***
	(15.16)	(14.68)	(18.30)	(9.53)	(8.05)
POP	0.8952 ***	0.9034 ***	0.7406 ***	0.5647 ***	0.4932 ***
	(12.26)	(12.57)	(15.25)	(10.72)	(7.06)
SAVE	0.1659 ***	0.1186 ***	0.0914 ***	0.1036 ***	0.1245 ***
	(5.44)	(4.92)	(3.80)	(4.05)	(3.77)
FIXED	0.0618 ***	0.0706 ***	0.0478 ***	0.0575 ***	0.0386 ***
	(5.71)	(5.39)	(4.39)	(5.03)	(3.62)
FD	0.0001	−0.0001	0.0012	0.0024	−0.0061
	(0.72)	(−1.03)	(1.33)	(1.01)	(−1.03)
地区固定效应	是	是	是	是	是
时间固定效应	是	是	是	是	是
Adj R-squared	0.6913	0.7391	0.5586	0.5235	0.5105
N	23309	23309	15330	15330	15330

注：同表6-5。

（2）县域产业发展的不同衡量方式。前文中用县域规模以上的工业总产值以及第二产业增长值两种指标分别进行衡量，这本身就是对县域工业发展的不同衡量方法。此外，本章利用中国工业企业数据库，将微观企业加总到县级层面，形成工业总产值、工业销售产值以及从业人员三个指标分别衡量县域产业发展，然后替换被解释变量进行估计。估计结果见表6-6

的第（3）、第（4）、第（5）列，估计结果与前文基准回归基本一致，保证了结论的稳健性。

（3）更换估计方法。前文仅仅使用双向固定效应方法进行基准回归，其中标准误经县域层面的聚类调整。考虑到县域工业发展可能会受到过去发展的影响，本章尝试在计量模型中添加工业发展的滞后项，使原本的计量模型变成了一个动态模型。因此，本章将换用系统广义矩估计方法，重新检验银行结构性竞争与县域产业发展之间的关系，估计结果见表6-7的第（1）、第（2）列。我们发现，在该方法估计下，银行结构性竞争的估计系数仍然显著为正，说明县域银行结构性竞争有利于推动产业发展的结论依然成立，再一次验证了基准回归结果的可靠性。

（4）样本重新选择。在中国的特定体制背景下，省会城市往往是省域金融体系的中心，拥有省域大部分的金融资源，包括商业银行、证券以及保险资产。省会城市直接管辖的县级行政区会受到这种金融中心的辐射作用，而其他县由于信贷本地市场特征的影响，受到金融中心辐射的作用会远远小于省会城市直接管辖的县，更多的是受到县域内银行结构性竞争的影响。因此，本章将省会城市管辖的县级行政区剔除掉后，重新检验银行结构性竞争与县域产业发展之间的关系，估计结果见表6-7的第（3）、第（4）列。可以看出，通过样本重新选择的实证检验并未改变前文的结论。

6.2.3　内生性与工具变量

为了检验银行结构性竞争对县域产业发展的影响，本章设定的计量模型可能存在两个方面的内生性问题。一方面，本章的模型可能忽略了一些难以衡量的重要因素，遗漏变量是导致内生性的重要原因之一。另一方面，银行结构性竞争与县域产业发展之间可能存在逆向因果关系，即县域产业发展会反过来影响银行结构性竞争程度，从而导致内生性问题。产业发展较好的地区，往往资金需求较为旺盛，中央政府实施中小银行异地市场进入管制放松政策后，中小银行更愿意在这些资金需求较大的地区设置分支机构，进而引起地区银行结构性竞争程度的加剧。但是，在中国金融监管体制下，中资商业银行分支机构的筹建需由其总行向当地银监局提交申请，由银监局审查并批准筹建。申请获批后，筹建期通常在半年左右，而且，筹建完成后的正式开业同样需由当地的银监局批准。此外，商业银行在筹建分支机构的过程中，需要较长时间准备营业场所和招聘员工。商业银行从计划设立分支机构到正式开业的整个过程通常无法在一年内完成。因此，当年的银行结构性竞争本身就具有一定的外生性，能够部分缓解因逆向因果关系导致的内生性问题。

表 6-7　稳健性检验：更换估计方法与样本重新选择

变量	系统广义矩估计（SYS-GMM）		样本重新选择	
	（1）	（2）	（3）	（4）
L. output	0.7941 ***	0.8018 ***		
	（7.94）	（8.03）		
Bankcomp_HHI	0.0149 **		0.0466 ***	
	（2.06）		（3.07）	
Bankcomp_CR3		0.1743 *		0.2058 **
		（1.89）		（2.25）
RGDP	1.0395 ***	0.9386 ***	1.2052 ***	1.1053 ***
	（18.39）	（14.94）	（24.82）	（30.31）
POP	0.8046 ***	0.8253 ***	1.0497 ***	0.9808 ***
	（7.16）	（8.57）	（21.05）	（18.82）
SAVE	0.1350 ***	0.1148 ***	0.1653 ***	0.1745 ***
	（4.08）	（4.61）	（7.20）	（7.09）
FIXED	0.0521 ***	0.0487 ***	0.0639 ***	0.0205 ***
	（5.35）	（4.34）	（8.52）	（6.38）
FD	-0.0001	0.0002	-0.0001	-0.0003
	（-1.12）	（0.85）	（-1.13）	（-0.84）
地区固定效应	是	是	是	是
时间固定效应	是	是	是	是
Sargan test	0.814	0.849		
AR （1）	0.401	0.215		
AR （2）	0.845	0.683		
Adj R-squared			0.8429	0.8284
N	21516	21516	22906	22906

注：同表 6-5。

为了进一步解决内生性问题，本章参考 Chong 等（2013）与张杰等（2017）的做法，选取县所在省份内 GDP 规模最为接近的三个其他县的银行结构性竞争的加权平均值作为相应的工具变量。一方面，同一省份内经济发展水平接近的地区，也是同一类型银行甚至不同类型银行筹建分支机构决策动机相似的地区，并且政府管制在同一省份内经济发展水平接近的地区具有相似性。因此，选取的工具变量必然与本县的银行结构性竞争程度具有高度相关性。另一方面，由于中国信贷市场具有明显的地域分割特征，县域银行机构的信贷资源难以直接流向其他县域，因而，其他县域的银行结构性竞争并不会直接影响本县的产业发展。除了上述的工具变量外，本章还选择县所在省份内与该县相邻的其他县的银行结构性竞争的加权平均值作为另一种工具变量，原因在于，在区域维度的工具变量选择中，采用邻近区域的均值是一个较为通用且可行的做法。工具变量法的估计结果见表 6-8，根据识别不足检验与弱工具变量检验的估计结果，本文选择的工具变量存在较强的相关性，而且不存在弱工具变量问题，用该方法控制了内生性问题后，所得的实证结果与前文无异，本文的结论是稳健的。

6.3　进一步研究

基于理论分析与实证检验可知，银行结构性竞争推动了县域产业发展。本章需要进一步讨论银行结构性竞争推动产业发展的内在机制。另外也需要思考，相较于国有银行分支机构数量增加引致的结构性竞争加剧，股份制银行分支机构增多是否存在差异性？同时，在具有不同特征的县域中，银行结构性竞争的影响是否相同？为了阐述清楚银行结构性结构的具体作用，本章将进一步从内在机制以及异质性作用两个方面展开讨论。

6.3.1　内在机制

本章重点关注了中国经济转型发展过程中县域产业发展的问题，对于这一重要问题，学术界通常利用宏观数据进行分析。但是同时也有学者指出，宏观数据分析存在不足之处，例如无法分析企业行为、不能有效探讨产业发展中内在机制等，而采用微观层面的企业数据分析有较多的优势。

根据前文的理论分析，银行结构性竞争程度的提升，有利于降低企业的交易成本，同时提高企业的信贷获取能力，推动企业成长，进而促进县域产业发展。为了给银行结构性竞争促进县域产业发展的作用机制提供相应的经验证据，本章从微观企业的层面，分别检验银行结构性竞争能否降低企业的交易成本与信贷获取能力。

表6-8　工具变量法的估计结果

变量	GDP接近县加权平均值作为工具变量		邻近县加权平均值作为工具变量	
	（1）	（2）	（3）	（4）
Bankcomp_HHI	0.0513***		0.0258**	
	（3.73）		（2.21）	
Bankcomp_CR3		0.0916***		0.1058***
		（4.83）		（3.36）
RGDP	1.0532***	0.8487***	1.0624***	0.8593***
	（9.14）	（7.69）	（10.58）	（9.36）
POP	0.9405***	0.8043***	0.8425***	0.7397***
	（8.61）	（7.91）	（9.05）	（8.19）
SAVE	0.1462***	0.1326***	0.0957***	0.0936***
	（4.56）	（4.69）	（5.22）	（4.70）
FIXED	0.0126***	0.0235***	0.0352***	0.0253***
	（3.27）	（3.14）	（4.69）	（3.52）
FD	0.0001	0.0001	−0.0001	0.0001
	（0.12）	（0.07）	（−0.15）	（0.36）
地区固定效应	是	是	是	是
时间固定效应	是	是	是	是
识别不足检验	128.106	395.196	284.372	488.468
	（0.000）	（0.000）	（0.000）	（0.000）
弱工具变量检验（RKF检验）	1308.715	810.396	1295.987	906.159
	（16.38）	（16.38）	（16.38）	（16.38）
Centered R^2	0.795	0.712	0.727	0.696
N	23309	23309	23309	23309

注：同表6-5。

（1）降低交易成本

尽管有证据表明民营企业和中小企业的效率要优于平均水平（Wei等，2017），但是其在获取银行信贷时仍然遭受"规模歧视"与"所有制歧视"。为获得银行贷款，其需要通过正式（如邀请对方实地调研）或非正式（如邀请吃饭、娱乐等）的活动形式，与银行负责人进行充分沟通交流，以增加银行对自身的了解，寻求并稳固与银行之间的关系。这些活动的成本是贷款交易成本的重要部分。伴随着银行结构性竞争程度的加剧，银行为了避免陷入"赢者诅咒"的困境，更加积极主动地搜集与挖掘企业的软信息，这有利于企业降低交易成本。因此，本章考虑了所有制与规模两个方面，来检验银行结构性竞争对企业交易成本的异质性作用。本章构建如下计量模型：

$$Cost_{ict} = \alpha_0 + \alpha_1 Bankcomp_{it} + \beta_j \sum_{j=1}^{n} Contrl_{jit} + \gamma_j \sum_{j=1}^{n} Contrl_{jct} +$$

$$\mu_i + \delta_t + \theta_c + \varepsilon_{ict} \tag{6-2}$$

其中，$Cost_{ict}$ 表示企业 c 在第 t 年的交易成本，$Contrl_{jct}$ 是企业 c 的特征变量，计量模型中添加了地区固定效应、时间固定效应与个体固定效应，县域层面的控制变量与上文中公式（6-1）保持一致。关于微观企业交易成本的度量，已有文献采用销售、管理以及财务三种费用之和占总资产的比重或者总利润的比重表示。为了直观起见，采用三种费用之和占企业销售收入的比重，即企业每销售一单位产品所承担的交易成本。

本章从微观企业层面进行检验，除了包含基准回归中县域特征的控制变量，还需要控制企业层面的特征变量。按照已有文献的一般性做法，本章选取了如下变量：企业规模（Size），以企业总资产的对数值表示；企业年龄（Age），以企业年龄的对数值表示，相较于成熟企业而言，越年轻的企业在经营过程中的不确定性越大、信息不对称越严重，年轻企业的交易成本较高；企业负债率（Lev），采用企业负债均值与资产均值的比重表示；所有权性质（Soe），当企业为国有企业时，Soe = 1，当企业为民营企业时，Soe = 0。企业层面的交易成本以及控制变量来源于 2004—2013 年（2010 年除外）的中国工业企业数据库。根据企业的所有权性质变量与规模变量，将企业样本分为国有与非国有企业、大型企业与中小企业，进行分组检验，估计结果见表 6-9。

表 6-9 的估计结果，在总体样本中，银行结构性竞争的系数显著为负，表明银行结构性竞争程度的提升能够降低企业的交易成本。根据所有制性质区分的估计结果，银行结构性竞争对国有企业的交易成本没有显著性影响，但能够降低民营企业的交易成本。根据企业规模区分的估计结果，无论是大型企业，还是中小企业，银行结构性竞争都能够显著降低其交易成本，但是在中小企业中，这种作用表现的更大且更显著。上述的估计检验表明，银行结构性竞争在整体上降低了交易成本，但是这种作用存在异质性。从所有制性质与企业规模两个方面来看，主要是对民营企业与中小企业产生作用，从而推动降低整体的交易成本。这些检验结果为前文

的假设提供了良好的证据。

表6-9　银行结构性竞争与企业交易成本

变量	总体	国有	民营企业	大企业	中小企业
Bankcomp_HHI	−0.0835**	0.0104	−0.0851***	−0.0283**	−0.1079***
	(−2.16)	(0.49)	(−2.87)	(−1.99)	(−3.26)
Size	−0.1462***	−0.0558**	−0.2427***	−0.0852*	−0.1053***
	(−3.76)	(−2.27)	(−3.85)	(−1.88)	(−3.16)
Age	−0.0523**	0.0395	−0.0378**	0.0436	−0.0241**
	(−2.41)	(1.06)	(−2.52)	(0.92)	(−2.29)
Lev	0.0158*	−0.0596	0.0233*	−0.0254	0.0385**
	(1.86)	(−0.59)	(1.92)	(−1.52)	(2.02)
Soe	−0.2056***			−0.1241***	−0.2104***
	(−4.39)			(−3.28)	(−3.20)
县域控制变量	是	是	是	是	是
地区固定效应	是	是	是	是	是
时间固定效应	是	是	是	是	是
个体固定效应	是	是	是	是	是
Adj R-squared	0.596	0.482	0.639	0.508	0.664
N	1750345	77987	1672358	437587	1312758

注：*、**、***分别代表在10%、5%、1%的水平下通过了显著性检验，括号内为t统计量。所有回归结果的标准误差经县域层面聚类调整。由于篇幅过长，简化该表的控制变量，县域层面的控制变量同表6-5。

（2）增强信贷可获得性

当银行结构性竞争缺失时，银行管理层升职的激励机制引导信贷资源优先流向国有企业与大企业，而非民营企业或者中小企业，从而导致了信贷流向存在"所有制歧视"与"规模歧视"。但是伴随银行竞争的程度加剧，一方面，银行将信贷资源给予国有企业以及大企业所获取的收益相对有限，迫使银行不得不在民营企业或者中小企业中寻找相对优质的企业。另一方面，当银行产生了搜寻优质企业的激励动机时，会提升甄别优质企业的能力，从而促使信贷资源流向民营企业与中小企业（余超和杨云红，2016），增强了这些企业的信贷可获得性。因此，本章同样考虑了所有制与规模两个方面，检验银行结构性竞争对企业信贷可获得性的异质性作用。本章构建如下计量模型：

$$Loan_{ict} = \alpha_0 + \alpha_1 Bankcomp_{it} + \beta_j \sum_{j=1}^{n} Contrl_{jit} + \gamma_j \sum_{j=1}^{n} Contrl_{jct} +$$

$$\mu_i + \delta_t + \theta_c + \varepsilon_{ict} \tag{6-3}$$

$Loan_{ict}$ 代表企业的信贷可获得性，其余的控制变量与固定效应与上述公式（6-2）保持一致。根据已有文献，企业信贷可获得性的衡量方式主要包括企业资产负债率、企业已获贷款的比重、企业对信贷约束的自我感知。由于企业对信贷约束的自我感知这一指标缺乏客观性，采用实际贷款的比重衡量信贷可获得性更为准确且客观。但是由于中国工业企业数据库中并未披露企业实际银行贷款的数据，其中的债务数据包含总负债、长期负债、流动负债以及应付账款等。企业的总负债中，除了银行贷款外，应付账款一般占主要部分，其余的负债相对份额较低。因此，本章借鉴李广子等（2016）的做法，才用总负债减去应付账款部分作为银行贷款的近似估计，然后采用企业当年的新增银行贷款与新增负债之比衡量企业的信贷可获得性，这一指标度量了企业信贷可获得性的动态变化，反映出企业在有融资需求且负债发生变化的情况下，能够从银行获取贷款的程度。根据企业的所有权性质变量与规模变量，将企业样本分为国有与非国有企业、大型企业与中小企业，进行分组检验，估计结果见表6-10。

表6-10的估计结果显示，在总体样本中，银行结构性竞争的系数显著为正，表明银行结构性竞争程度的提升能够增强企业的信贷可获得性。根据所有制性质区分的估计结果，银行结构性竞争对国有企业的信贷可获得性没有显著性影响，但能够提升民营企业的信贷可获得性。根据企业规模区分的估计结果，银行结构性竞争对大型企业的信贷可获得性没有产生显著性影响，主要增强了中小企业的信贷可获得性。上述的估计检验表明了，银行结构性竞争在整体上增强了企业的信贷可获得性，但是这种作用存在异质性。从所有制性质与企业规模两个方面来看，主要是对民营企业与中小企业产生作用，从而推动增强整体的企业信贷可获得性。这些检验结果为前文的假设提供了良好的证据。

表 6-10　银行结构性竞争与企业信贷可获得性

变量	总体	国有	民营企业	大企业	中小企业
Bankcomp_HHI	0.1049**	0.0093	0.1286***	0.0335	0.0917***
	(2.23)	(1.21)	(3.49)	(0.68)	(2.93)
Size	0.2395***	0.0148	0.2216***	0.1068**	0.1392***
	(4.10)	(0.97)	(3.88)	(2.20)	(3.29)
Age	0.0493**	0.0235	0.0581***	0.0135*	0.0348***
	(2.49)	(1.04)	(2.65)	(1.76)	(2.90)
Lev	0.0193*	-0.0085	0.0207**	0.0315**	0.0095
	(1.85)	(-0.12)	(1.99)	(2.31)	(1.13)
Soe	0.1786***			0.0924***	0.1425***
	(3.80)			(3.07)	(4.14)
县域控制变量	是	是	是	是	是
地区固定效应	是	是	是	是	是
时间固定效应	是	是	是	是	是
个体固定效应	是	是	是	是	是
Adj R-squared	0.503	0.419	0.597	0.488	0.546
N	1743915	77893	1666022	435979	1307936

注：同表 6-5。

6.3.2　拓展性研究

各个县级行政区的银行市场结构并不相同，相较于国有银行分支机构数量增加引致的结构性竞争加剧，农信社（包括农村商业银行、农村合作银行与农信社，下面统称为农信社）与村镇银行分支机构增多引致的银行结构性竞争加剧对县域产业发展是否存在差异性影响？在县域银行体系中，由于不同类型银行机构的经营行为并不一致。因此，本章将检验农信社与村镇银行机构占比对银行结构性竞争影响县域产业发展的调节作用。本章将构建一个调节变量 JCBC，当某一年度某县的银行机构中，若农信社与村镇银行机构占全部银行分支机构的比重大于同一年度全国各县中农信社与村镇银行机构占其全部银行分支机构比重的中位数，则本书将该县该年的 JCBC 取值为 1，否则为 0。在公式（6-1）的基础上，本章添加交互项 Bankcomp_HHI×JCBC，用以检验调节作用，具体估计结果见表 6-11。根据

表 6-11 的估计结果，*Bankcomp_HHI* 与 *Bankcomp_HHI×JCBC* 的系数均显著为正，这表明，当农信社与村镇银行占比较高时，银行结构性竞争更能推动县域产业发展。由于中小企业的信息获取成本较高，相较于国有银行而言，在县域内的农信社与村镇银行大多属于地方性银行，其在地理位置上更加接近中小企业，有利于挖掘中小企业的各类软信息（陶峰等，2017）。当银行管制放松后，农信社与村镇银行机构数量的增多，也因为大多数中小企业设立在县域内（边文龙等，2017）。因此，在县域银行体系中，农信社与村镇银行分支机构占比越高，越有利于中小企业的融资及成长，有利于推动县域的产业发展，有利于中小企业提高信贷资源的可获得性以及推动其成长，进而推动了县域产业发展。

表 6-11　银行结构性竞争、农信社与村镇银行占比与县域产业发展

变量	（1）	（2）
Bankcomp_HHI	0.0153 **	0.0122 ***
	（2.32）	（2.66）
Bankcomp_HHI×JCBC	0.0317 ***	0.0289 ***
	（3.05）	（3.81）
JCBC	0.0045	0.0067
	（0.44）	（1.01）
控制变量	否	是
地区固定效应	是	是
时间固定效应	是	是
Adj R-squared	0.6195	0.6308
N	23309	23309

注：同表 6-5。

6.3.3　异质性分析

同时，不同县级行政区在地理区位、行政地位以及财政因素等方面均存在较大差异，银行结构性竞争对县域产业发展的促进作用是否存在异质性呢？本节将从县域异质性特征的角度进行探讨，有助于进一步理解银行结构性竞争的效应。因此，本节将分别从地理区位、行政地位以及财政因素三个方面，对不同县域进行分组以考察银行结构性竞争效应的异质性。

（1）地理区位。由于东中西部地区经济处于不同的发展阶段，县域产业发展的目标以及约束条件不尽相同。银行结构性竞争对县域产业发展的影响可能存在较大差异。因此，本章将所有县域样本划分为东部、中部、西部地区，进行分别考察。东部、中部、西部的估计结果见表 6-12，发现中部地区以及西部地区的银行结构性竞争促进了县域产业发展，而东部地区的系数不显著。原因可能在于，相较于东部地区而言，中部、西部地区的产业发展相对滞后，金融资源相对匮乏，当银行结构性竞争程度得以提升后，更多的信贷资源向本地的中小企业倾斜，从而有利于推动产业发展。另外，虽然东部地区的市场化程度、法律制度完善程度、信贷资源配置效率均较高，应该更有利于发挥银行结构性竞争的作用，但是其产业发展程度、资金充裕程度以及银行竞争程度已然处于较高水平，在推动其产业目标的发展上，银行结构性竞争可能并不是重要的推动力。

表 6-12　银行结构性竞争对县域产业发展影响的异质性：区分地理区位

变量	东部	中部	西部
$Bankcomp\_HHI$	0.0458 (0.60)	0.0233 * (1.88)	0.0185 *** (2.66)
控制变量	是	是	是
地区固定效应	是	是	是
时间固定效应	是	是	是
$Adj\ R-squared$	0.7615	0.8051	0.7043
N	6747	7758	10111

注：同表 6-5。

（2）行政地位。中国县级行政区主要包括市辖区、县和县级市三种类型。不同类型的县级行政区在初始禀赋与资源获取能力上存在较大的差距。市辖区隶属于地级市，由地级市直接管辖，能够与地级市的行政体系相互联动，享受地级市的辐射作用。县与县级市具有相对独立的自主权（张莉等，2018），但二者之间存在一些差异，虽然县与县级市同为县级行政单位，但是县级市在人员与资金配置方面均是按照市的规则进行安排的，在城市管理与建设层面更容易实现自主权，在土地出让与招商引资方面更具有优势。考虑到这么多差异，本章将全部县域样本划分为县级市与县，进行分别考察，估计结果见表 6-13。发现在县级市的样本内，银行结构性竞争对县域产业发展的影响显著为正，而在县的样本内，这种影响不显著。其主要原因可能在于，县的经济基础较差，产业发展相对薄弱，企业数量较少，银行结构性竞争程度提升是否会降低企业的交易成本以及信贷可获得性，并未充分体现在县的样本之中，因此无法对其产业发展产生任何影响。

（3）财政因素。在发展性政府的制度框架下，财政是地方政府推动县域经济发展的重要手段。设立贫困县是扶贫开发政策中的重要措施，对县域经济发展有着重要影响。贫困县主要集聚在中西部地区，以革命老区、山区县、民族县以及边疆县为主，地理自然条件较差、经济发展水平较低，每年可以从中央或者省级政府获取数量可观的财政专项扶贫资金，同时在经济开发、贴息贷款以及税收方面均有优惠政策。贫困县与非贫困县在财政转移方面有着巨大的差异，需要考察银行结构性竞争是否具有差异化的影响。本章将全部县域划分为贫困县与非贫困县，其中贫困县为 572 个，非贫困县为 1221 个。表 6-13 的结果显示，在贫困县的样本中，银行结构性竞争对产业发展没有任何影响；而非贫困县中，银行结构性竞争能够推动产业发展。原因可能在于，贫困县在经济发展方面的财税优惠政策扭曲了资本价格，加剧了不正当竞争、寻租以及合谋等恶性竞争，从而弱化了银行体系的激励效应，而且，贫困县的经济活跃程度较低，产业基础较差，同时金融基础设施相对较差，导致银行结构性竞争的作用无法得到有效发挥，进而无法促进产业发展。

表 6-13　银行结构性竞争对县域产业发展影响的异质性：区分行政地位和财政因素

变量	县级市	县	贫困县	非贫困县
Bankcomp_HHI	0.0753 ***	0.0593	0.0236	0.0367 **
	(4.05)	(1.06)	(0.81)	(2.28)
控制变量	是	是	是	是
地区固定效应	是	是	是	是
时间固定效应	是	是	是	是
Adj R-squared	0.519	0.734	0.696	0.781
N	5031	18278	7436	15873

注：同表 6-5。

6.4　本章小结

本章基于中国银监会公布的金融许可证数据构造了县域银行结构性竞争指标，并结合 2004—2016 年中国 1793 个县域数据，考察了银行结构性竞争对县域产业发展的影响效应与作用机制，从而回答了银行结构性竞争程度的增强如何影响县域产业发展，这种影响是通过何种渠道传导的，以及在银行结构性竞争程度相同的情况下，何种类型对县域产业发展的影响更大，最后探讨了县域银行结构性竞争对产业发展的作用是否存在区域的异质性。本章得到的主要结论有：

第一，本章利用第二产业增加值与规模以上工业总产值两个指标衡量县域产业发展情况，发现从整体层面来看，县域产业的发展水平处于逐年上升的趋势，但是在 2012 年以后，这种上升速度开始趋缓。从区域层面来看，将全部县域按照地理区位、是否贫困县与行政地位进行划分，发现不同类型县域产业发展的变动趋势与整体层面是一致的，但是产业发展水平却存在较大的区域差异性。东部地区县域、非贫困县与县级市的工业发展绝对水平远高于中西部地区、贫困县与县的，但是其产业发展的相对速度却低于中西部地区、贫困县与县的。不同类型县域的产业发展水平呈现相对收敛的趋势。

第二，本章基于实证研究，发现银行结构性竞争的加剧有利于推动县域产业发展，这个结果在通过一系列稳健性检验，包括替换核心解释变量、更换被解释变量的衡量方式、更换估计方法与样本重新选择等方法，并且在考虑内生性问题的情况下运用工具变量法，本章的研究结论依旧成立。进一步的影响机制检验发现，银行结构性竞争程度的提升能够降低企业的交易成本以及提升其信贷可获得性，并且这种作用在民营企业以及中小企业中表现得更为显著。拓展性研究发现，农信社与村镇银行机构数量占比对银行结构性竞争影响产业发展存在着调节作用，当农信社与村镇银行占比较高时，银行结构性竞争更加有利于产业发展。最后的异质性研究表明，在具有不同特征的县域样本中，银行结构性竞争对产业发展的影响存在异质性。在中西部地区、县级市以及非贫困县的样本中，银行结构性竞争均存在促进作用，而在其余样本中，银行结构性竞争的作用不显著。

第 7 章　银行结构性竞争与县域
经济数量增长

县域作为中国行政区划体系的基层单位，是直接落实各项国民经济发展政策的基本单元，其经济发展关乎我国的全面深化改革、乡村振兴以及精准脱贫攻坚等重大战略的现实效果。县域经济在国民经济中的重要地位已经不言而喻。根据图 7-1 可知，2004—2017 年期间县域人口占全国的比例保持在 70% 左右，而 GDP 占全国的比例却仅仅为 40%~50%。中国正处在以工业化和城镇化为主要表现形式的现代化发展进程之中，县域作为城市与农村之间的重要连接点，其经济增长水平决定了国民经济发展的高度与可持续性。因此，如何促进县域经济增长，已经成为摆在中国面前的一项重要挑战。

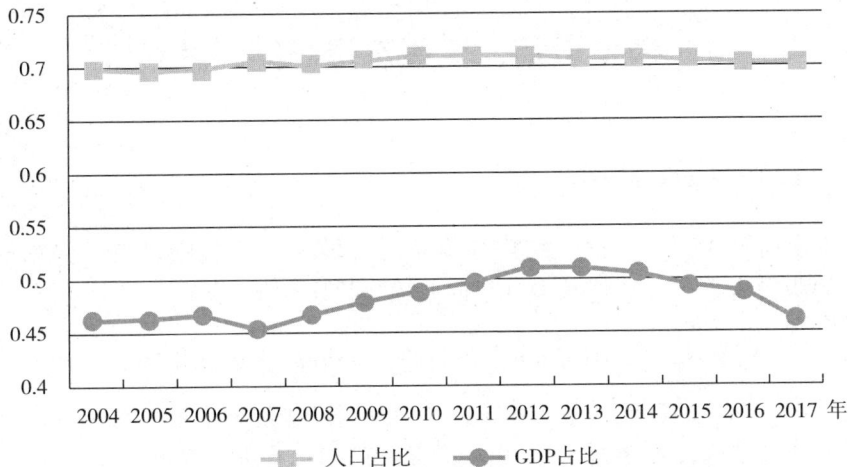

图 7-1　县域历年人口与 GDP 占全国的比重（2004—2017 年）

注：通过《中国县域统计年鉴》进行整理，数据处理中剔除直辖市以及 GDP 数据缺失的县级行政区划，最终得出了 1915 个县级行政单位（约占全部 2008 个县级行政区划的 95%）。

众所周知，金融体系处于现代经济体系的核心地位，现在众多学者普遍认同金融部门在长期经济发展中的重要地位。金融资源具有高度的流动性，是各个产业与地区争夺最激烈的资源之一，然而金融资源的趋利性特质使其总是流向市场中收益最大化的产业与地区。县域长期处于金融资源相对短缺的状态。这种状态的持续会导致县域内的群体以及县域经济被边缘化。大量基于拉美国家的经验研究表明，如果不进行干预金融资源的流动，这种边缘化将会导致阶级固化，进而代际传递下去。因此，中国推动银行体系改革，采取设立新型农村金融机构、放松县域的银行市场准入限制等措施，加快建设具有差异化与特色化的县域银行体系，满足县域经济、中小微企业以及"三农"领域对金融服务的需求。

本章在明确被解释变量的测度指标上，采用县级层面的面板数据，运用固定效应模型、系统广义矩、两阶段最小二乘法等多种估计方法，实证研究银行结构性竞争对县域经济增长的影响以及区域差异性，从而探讨与解析如下问题：第一，现实中县域银行结构性竞争程度的增强是否能够有效地促进县域经济增长；第二，县域银行结构性竞争的增强通过何种渠道影响经济增长；第三，在银行结构性竞争程度相同的情况下，何种类型银行对县域经济增长的影响更大；第四，县域银行结构性竞争对经济增长的作用是否存在着区域的异质性。

7.1 模型设定、变量选择与描述性统计

7.1.1 模型设定

本章所要检验的是银行结构性竞争对县域经济增长的影响，根据理论分析的假设命题，本章将基本计量回归模型设定如下：

$$Y_{it} = \alpha_0 + \alpha_1 Bankcomp_{it} + \beta_j \sum_{j=1}^{n} Control_{jit} + \mu_i + \delta_t + \varepsilon_{it} \qquad (7-1)$$

其中，i 表示县域，t 表示年份，Y 表示县域经济增长，$Bankcomp$ 表示县域的银行结构性竞争程度，$Control$ 表示模型中控制变量的集合。以上各种变量的具体衡量方式在后续变量选择一节中进行详细阐述。同时，本书还加入了地区固定效应 μ 与时间固定效应 δ，用以捕捉无法观测的异质性因素以及共同冲击的影响。ε 表示随机扰动项。所用模型采用稳健性标准误，并且聚类到县域层面。

7.1.2　变量选择

本章选取了 2004—2016 年中国 1793 个县（不包含市辖区）的面板数据，其数据主要来源于三个方面：（1）银行结构性竞争的数据来源于中国银保监会官方网站上披露的金融许可证信息；（2）县级行政单位的宏观经济变量来源于《中国县域统计年鉴》、各省的统计年鉴以及 CSMAR 数据库；（3）各省的 GDP 平减指数以及固定资产价格指数分别来源于《中国统计年鉴》以及《中国价格统计年鉴》。

（1）经济增长指标。本章使用的经济增长指标采用《中国县域统计年鉴》中披露的国民生产总值实际值的对数值（GDP）和人均国民生产总值实际值的对数值并分别进行衡量，后文中以前者作为主要的被解释变量进行估计。由于《中国县域统计年鉴》以及各省统计年鉴中，关于 GDP 的统计信息存在大量缺失，考虑到补充合并同一个变量的数据需要尽量统一统计口径，因此，本书将 CSMAR 数据库中披露的 GDP 数据进行了合并补充。其中，县域国民生产总值的实际值以 2000 年为基期，通过县域名义国民生产总值除以县域所属省份的国民生产总值平减指数计算得出。

（2）核心解释变量。核心解释变量为银行结构性竞争，其计算与说明具体见 4.2.3。

（3）控制变量。在本章的研究中，除了银行结构性竞争外，县域的其他特征同样可能会对工业发展产生潜在的影响，从而导致估计结果产生偏差。本章结合县域数据的可得性，选取了三类控制变量。第一类控制变量反映了县域的产业发展情况。一般而言，县域的产业结构偏向工业化结构，其工业发展相对完备，县域的经济发展较好。同时，县域的产业相对集中容易形成规模经济以及降低生产成本，从而有利于经济发展。因此，本章选取第二产业增加值占名义国民生产总值的比重衡量县域的产业结构，选取规模以上工业企业总产值占名义国民生产总值的比重反映县域的产业规模化程度。第二类控制变量反映了县域的资本情况。各县储蓄存款能够转化为投资，促进资本形成，进而有利于增加资本存量，资本存量的多寡对县域经济发展有重要的作用。因此，本章采用居民储蓄存款余额与名义地区生产总值的比值表示储蓄水平，采用固定资产投资与名义地区生产总值的比值衡量固定资产投资水平。第三类指标反映县域的财政情况。良好的财政状况有利于县域公共产品的正常供给，能够保证教科文卫的良好建设，从而为县域经济发展提供良好的外部环境。因此，本章采用政府财政一般预算内支出与财政一般预算内收入的比值衡量财政自主度（FD）。另外，本章还加入了县域虚拟变量以及时间虚拟变量，用以控制不随时间与县域变化的其他因素的冲击。

7.1.3 描述性统计分析

（1）县域经济增长的统计分析

根据表7-1和图7-2的描述性统计所述，整体上，中国各县域实际GDP（以2000年为基期）的均值从2004年的35.5214亿元增长到2016年的128.8547亿元，年均增长率高达11.34%；实际人均GDP的均值从2004年的0.7312万元增长到2016年的2.6879万元，年均增长率高达11.46%。将中国各县域分为贫困县与非贫困县两个样本，在非贫困县的样本中，实际GDP的均值从2004年的45.0645亿元增长到2016年的161.3364亿元，年均增长率高达11.21%；而在贫困县的样本中，实际GDP的均值从2004年的13.1151亿元增长到2016年的52.5909亿元，年均增长率高达12.27%。在非贫困县样本中，实际人均GDP的均值从2004年的0.8906万元增长到2016年的3.2420万元，年均增长率为11.37%；而在贫困县样本中，实际人均GDP的均值从2004年的0.3571万元增长到2016年的1.3870万元，年均增长率为11.96%。虽然贫困县的实际GDP与实际人均GDP的绝对值远低于非贫困县，但是其平均增长率均大于非贫困县，分别高出1.06个、0.59个百分点。

表7-1 县域实际GDP与人均GDP的特征：整体、贫困县以及非贫困县

年份	GDP（亿元）			RGDP（万元/人）		
	整体	非贫困县	贫困县	整体	非贫困县	贫困县
2004	35.5214	45.0645	13.1151	0.7312	0.8906	0.3571
2005	39.2235	49.5420	14.9968	0.8299	1.0071	0.4140
2006	44.6779	56.5585	16.7837	0.9424	1.1487	0.4578
2007	51.3680	65.2374	19.1388	1.0907	1.3349	0.5174
2008	58.3908	74.0045	21.7314	1.2261	1.5018	0.5789
2009	66.6885	84.4242	25.0466	1.4161	1.7308	0.6771
2010	75.5721	95.7154	28.2775	1.5928	1.9508	0.7521
2011	85.0376	107.5897	32.0874	1.8131	2.2236	0.8491
2012	95.8177	120.9660	36.7720	2.0390	2.4906	0.9785
2013	105.0614	132.4902	40.6614	2.2344	2.7282	1.0749

年份	GDP（亿元）			RGDP（万元/人）		
	整体	非贫困县	贫困县	整体	非贫困县	贫困县
2014	113.4729	142.7686	43.6894	2.3822	2.8958	1.1764
2015	121.4382	152.4208	48.6941	2.5350	3.0673	1.2855
2016	128.8547	161.3364	52.5909	2.6879	3.2420	1.3870

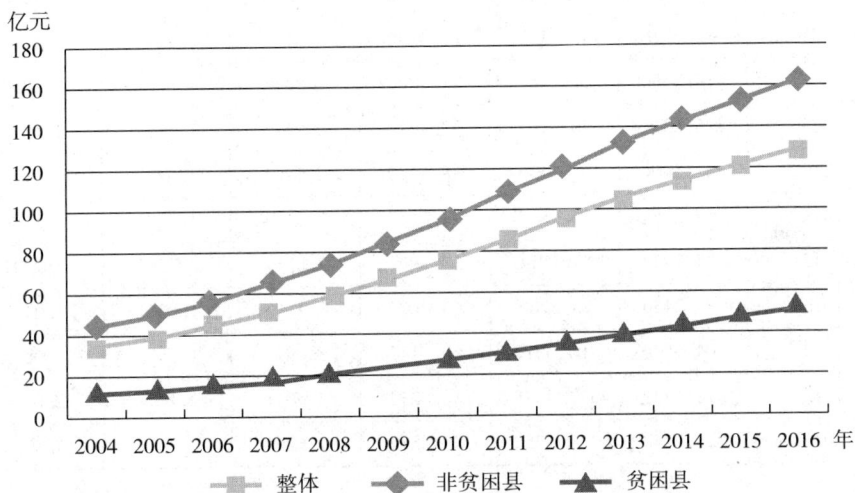

图 7-2　整体、贫困县与非贫困县 GDP 的变动趋势

表 7-2 与图 7-3 显示了东中西部地区的县域实际 GDP 与实际人均 GDP 的描述性统计情况。在东部地区的样本中，县域的实际 GDP 均值从 2004 年的 69.8018 亿元增长到 2016 年的 228.6740 亿元，年均增长率为 10.39%；在中部地区的样本中，县域的实际 GDP 均值从 2004 年的 31.8702 亿元增长到 2016 年的 119.6250 亿元，年均增长率为 11.65%；而西部地区的样本中，县域的实际 GDP 均值从 2004 年的 15.9624 亿元增长到 2016 年的 70.8512 亿元，年均增长率为 13.22%。在东部地区的样本中，县域的实际人均 GDP 均值从 2004 年的 1.1722 万元增长到 2016 年的 3.6291 万元，年均增长率为 9.88%；在中部地区的样本中，县域的实际人均 GDP 均值从 2004 年的 0.6545 万元增长到 2016 年的 2.2616 万元，年均增长率为 10.89%；在西部地区的样本中，县域的实际人均 GDP 均值从 2004 年的 0.5019 万元增长到 2016 年的 2.3952 万元，年均增长率为 13.91%。虽然中西部的实际 GDP 与实际人均 GDP 的绝对值远低于东部地区，但是其平均增长率均大于

东部地区，这是符合经济增长的收敛趋势的。

表 7-2 东部、中部、西部地区的县域实际 GDP 与人均 GDP 的特征

年份	GDP（亿元）			RGDP（万元/人）		
	东部	中部	西部	东部	中部	西部
2004	69.8018	31.8702	15.9624	1.1722	0.6545	0.5019
2005	74.9189	34.8718	19.2693	1.2467	0.7014	0.6552
2006	85.6377	39.6286	21.8226	1.4222	0.7892	0.7450
2007	98.3989	45.4177	25.4792	1.6161	0.9256	0.8727
2008	111.2466	52.2764	28.5866	1.8246	1.0284	0.9850
2009	125.6317	59.7165	33.5778	2.0475	1.1837	1.1796
2010	141.3966	67.8596	38.5410	2.2964	1.3470	1.3193
2011	157.8554	76.9810	43.7159	2.5644	1.5783	1.5004
2012	175.7922	87.1574	50.2941	2.8517	1.7205	1.7491
2013	192.2456	95.5760	55.4670	3.1165	1.8521	1.9471
2014	204.9504	104.3517	60.8132	3.2911	1.9896	2.0853
2015	218.1291	111.4585	66.0313	3.5031	2.1027	2.2294
2016	228.6740	119.6250	70.8512	3.6291	2.2616	2.3952

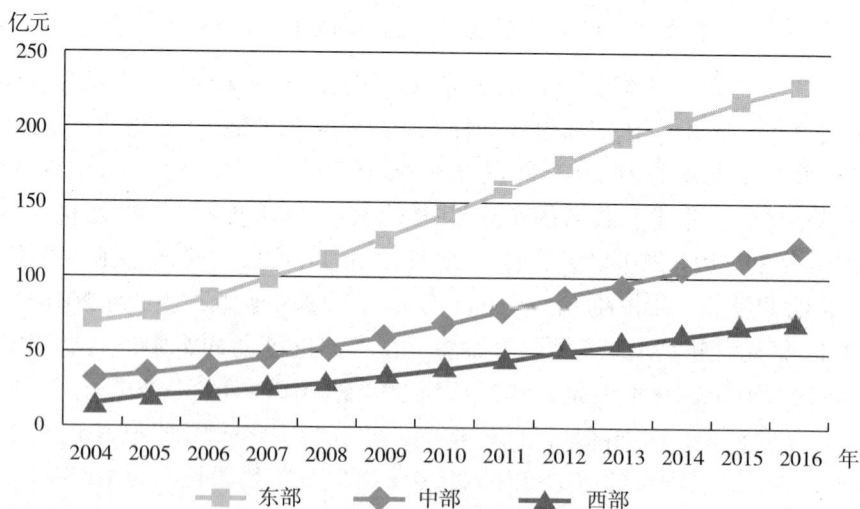

图 7-3 东部、中部与西部地区县域 GDP 的变动趋势

　　表7-3与图7-4显示了县级市与县的实际GDP与实际人均GDP的描述性统计情况。在县级市的样本中，县级市的实际GDP均值从2004年的75.2158亿元增长到2016年的257.6718亿元，年均增长率为10.81%；县级市的实际人均GDP均值从2004年的1.2044万元增长到2016年的4.1301万元，年均增长率为10.81%。在县的样本中，其实际GDP均值从2004年的26.3317亿元增长到2016年的99.0321亿元，年均增长率为11.67%；县域的实际人均GDP均值从2004年的0.6217万元增长到2016年的2.3540万元，年均增长率为11.73%。在县的样本中，虽然其实际GDP与实际人均GDP的绝对值均远低于县级市，但是二者的平均增长率却高于县级市，这是符合经济增长的收敛趋势的。

表7-3　县域实际GDP与人均GDP的特征：县级市与县

年份	GDP（亿元）		RGDP（万元/人）	
	县级市	县	县级市	县
2004	75.2158	26.3317	1.2044	0.6217
2005	82.6724	29.1646	1.3299	0.7142
2006	94.8316	33.0668	1.5225	0.8081
2007	108.9736	38.1548	1.7414	0.9401
2008	123.6247	43.2884	1.9647	1.0552
2009	140.5330	49.5926	2.2538	1.2221
2010	158.1085	56.4639	2.5201	1.3781
2011	177.6898	63.5875	2.8233	1.5792
2012	198.8717	71.9595	3.2028	1.7696
2013	216.7716	79.1992	3.4955	1.9424
2014	230.9886	86.2666	3.6987	2.0074
2015	244.7150	92.8982	3.9106	2.2166
2016	257.6718	99.0321	4.1301	2.3540

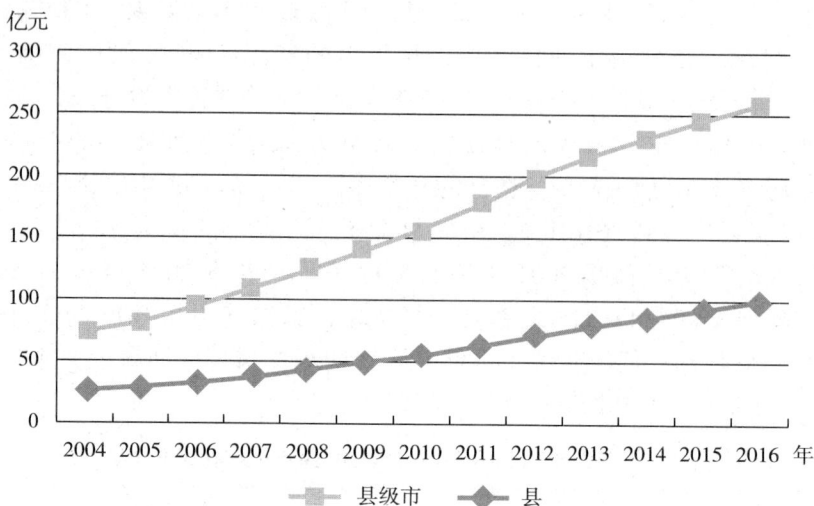

图 7-4　县级市与县 GDP 的变动趋势

（2）控制变量的描述性统计

模型中各控制变量的描述性统计情况见表 7-4。

表 7-4　模型中各控制变量的描述性统计情况

变量名称	变量符号	均值	标准差	最大值	最小值
产业结构	Structure	0.4303	0.1668	0.9894	0.0171
产业规模化	Scale	0.9841	0.7498	14.5310	0.0000
储蓄水平	Save	0.6566	0.3453	16.67	0.0002
固定资产投资水平	Fixed	0.6564	0.5031	10.9258	0.0043
财政自主度	FD	0.3242	0.2238	1.646	0.0001

（3）银行结构性竞争与县域经济增长的相关关系

图 7-5 刻画了银行结构性竞争与县域经济增长之间的相关关系，同时给出了二者的拟合线，其中横坐标为银行结构性竞争指标，纵坐标为 GDP 的对数值。从图 7-5 中可以看出，县域银行结构性竞争与 LnGDP 的散点分布结构较为集中，但是呈现出明显的正向相关关系，即随着银行结构性竞争程度的增强，县域经济增长呈现上升的趋势。

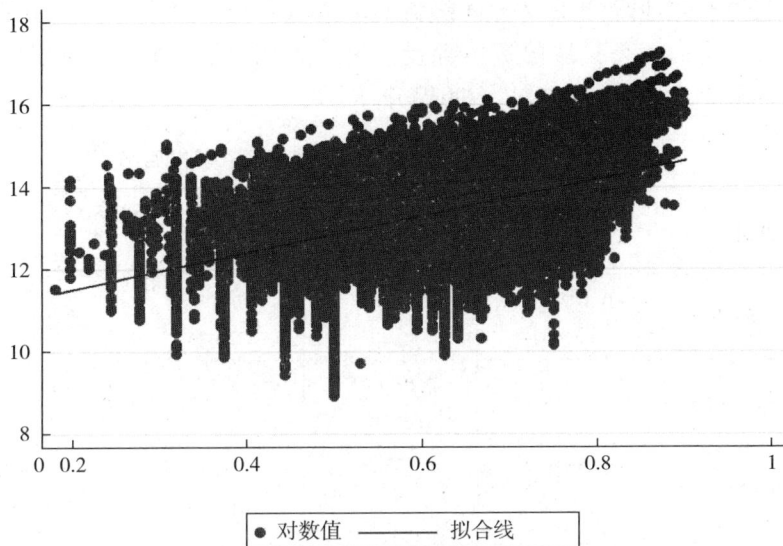

图 7-5　银行结构性竞争与县域经济增长的散点图

7.2　计量结果与分析

7.2.1　基准回归结果

表 7-5 报告了银行结构性竞争对县域经济增长影响的基准回归结果。在表 7-5 的第（1）、第（2）列中，采用实际 GDP 的对数值作为被解释变量，在第（3）、第（4）列中，采用人均 GDP 的对数值作为被解释变量，所有的回归均控制了县域的经济特征、地区固定效应以及时间固定效应。具体分析如下：在第（1）列中，分别用赫芬达尔指数（HHI 指数）计算的银行结构性竞争作为核心解释变量，估计结果显示，银行结构性竞争的系数在 1% 水平下显著为正；在第（2）列中，用前三大银行分支机构占比（CR3 指数）计算的银行结构性竞争作为核心解释变量，银行结构性竞争的系数依旧显著为正。此外，第（3）、第（4）列中的结果显示，用人均 GDP 的对数值作为被解释变量的估计系数同样显著为正，这与用实际 GDP 的对数值作为被解释变量的估计结果保持一致。表 7-5 的估计结果为本书的主要研究假设提供了经验证据，表明银行结构性竞争程度的提升确实有利于推动县域经济增长。这可能的原因在于，银行结构性竞争的提升，一

方面，能够有效地降低企业的贷款利率，贷款利率的降低促使企业更多地使用资本，进而提高县域的资本存量；另一方面，能够有效地促进企业创新，进而推动县域全要素生产率的提升。

表7-5　银行结构性竞争与县域经济增长：基准回归

变量	LnGDP		LnRGDP	
	(1)	(2)	(3)	(4)
Bankcomp_HHI	0.1077 *** (2.60)		0.0589 ** (2.42)	
Bankcomp_CR3		0.0176 ** (2.30)		0.0122 ** (2.21)
Structure	0.2221 ** (2.08)	0.2229 ** (2.08)	0.2026 * (1.91)	0.2029 ** (1.97)
Scale	0.0169 * (1.86)	0.0158 * (1.76)	0.019 ** (2.13)	0.0184 ** (2.08)
Save	0.1504 *** (7.48)	0.1517 *** (7.45)	0.2246 *** (7.53)	0.2253 *** (7.41)
Fixed	0.0868 *** (6.30)	0.0871 *** (6.28)	0.0932 *** (6.60)	0.0933 *** (6.58)
FD	−0.0001 (−0.07)	−0.0002 (−0.06)	0.0001 (0.04)	0.0001 (0.04)
地区固定效应	是	是	是	是
时间固定效应	是	是	是	是
Adj R-squared	0.9051	0.9005	0.8934	0.8913
N	23309	23309	23309	23309

注：*、**、***分别代表在10%、5%、1%的水平下通过了显著性检验，括号内为t统计量。所有回归结果的标准误差经县域层面聚类调整。

7.2.2　稳健性检验

上文经过实证检验发现，银行结构性竞争有利于推动县域经济增长。为了增强本章估计结果的可靠性，本章将从替换核心解释变量、替换被解释变量、样本选择、更换估计方法等方式进行稳健性分析。

（1）替换核心解释变量。本章利用县域层面的HHI指数以及CR3指数分别测算了银行结构性竞争水平，用这两种指标分别进行估计，这本身是一种替换解释变量的方法。另外，根据前文所述，通过构造地级行政区的HHI 指数与 CR3 指数，分别计算地级市的银行结构性竞争程度，并代入模型中进行回归估计。估计结果见表 7-6 的第（1）、第（2）列，发现地级市银行结构性竞争程度的提升能够促进县域经济增长，与前文的基准回归结果保持一致。

表 7-6　稳健性检验：替换解释变量与被解释变量

变量	解释变量为地级市层面		被解释变量为夜间灯光数据	
	（1）	（2）	（3）	（4）
Bankcomp_HHI	0.0624 ***		0.0694 **	
	（3.23）		（2.26）	
Bankcomp_CR3		0.0376 ***		0.0129 **
		（2.89）		（2.17）
Structure	0.1835 ***	0.1942 **	0.1357 **	0.1245 **
	（2.89）	（2.34）	（2.06）	（2.47）
Scale	0.0095 *	0.0126 *	0.0086 **	0.0106 **
	（1.75）	（1.86）	（2.34）	（2.26）
Save	0.0932 ***	0.0815 ***	0.2019 ***	0.1843 ***
	（5.29）	（4.96）	（3.65）	（3.82）
Fixed	0.0931 ***	0.1053 ***	0.1059 ***	0.0905 ***
	（4.21）	（4.64）	（3.87）	（3.54）
FD	0.0001	−0.0001	0.0002	0.0002
	（0.14）	（−0.04）	（0.13）	（0.54）
地区固定效应	是	是	是	是
时间固定效应	是	是	是	是
Adj R-squared	0.4025	0.5739	0.6105	0.5818
N	23309	23309	23309	23309

注：同表 7-5。

（2）县域经济增长的不同衡量方式。前文中用县域实际 GDP 的对数值以及人均 GDP 的对数值两种指标分别进行衡量，这本身就是对县域经济增长的不同衡量方法。此外，由于地方政绩评估的落后体制，基层的经济统计数据存在高估的可能性，用县域实际 GDP 度量经济增长的准确性存疑。因此，本章用夜间平均灯光亮度衡量县域经济增长水平。本章的夜间灯光数据是使用 2004—2012 年 DMSP-OLS 与 2013—2016 年 SNPP-VIIRS 两套卫星数据，由于二者之间并不可比，本章以 2013 年为基准对两套数据进行数据处理（Li 等，2013；Shi 等，2014）以及连续校正处理（Bennett 和 Smith，2017；陈梦根和张帅，2020），估计结果见表 7-6 的第（3）、第（4）列，估计结果同样在 5% 水平下显著为正，系数较基准估计结果偏小，这可能与高估的基层经济统计数据有关，但是这个结果并没有影响前文基准估计结果，保证了结论的稳健性。

（3）更换估计方法。前文仅仅使用双向固定效应方法进行基准回归，其中标准误经县域层面的聚类调整。考虑到县域经济增长的趋势具有一定的时间连续性，当年的增长水平会受上一年增长情况的影响，本章将在基准计量模型中添加经济增长的滞后项，使原本的计量模型变成了一个动态模型。因此，本章将利用系统广义矩估计方法（SYS-GMM），重新检验银行结构性竞争与县域经济增长之间的关系，估计结果见表 7-7 的第（1）、第（2）列。我们发现，在 SYS-GMM 方法估计下，银行结构性竞争的估计系数仍然显著为正，说明县域银行结构性竞争有利于推动经济增长的结论依然成立，再一次验证了基准回归结果的可靠性。

（4）样本重新选择。在中国的特定体制背景下，省会城市往往是省域金融体系的中心，其拥有省域内大部分的金融资源，包括商业银行、证券、保险以及信托资产。省会城市直接管辖的县级行政区会受到这种金融中心的辐射作用，而其他县由于信贷本地市场特征的影响，受到金融中心辐射的作用会远远小于省会城市直接管辖的县，更多的是受到县域内银行结构性竞争的影响。因此，本章将省会城市管辖的县级行政区剔除掉后，重新检验银行结构性竞争与县域工业发展之间的关系，估计结果见表 7-7 的第（3）、第（4）列。可以看出，通过样本重新选择的实证检验并未改变前文的结论。

表 7-7　稳健性检验：更换估计方法与样本重新选择

变量	系统广义矩估计（SYS-GMM）		样本重新选择	
	（1）	（2）	（3）	（4）
L. lnGDPt	0.9013***	0.9137***		
	(13.59)	(12.81)		
Bankcomp_HHI	0.0804**		0.0773**	
	(2.37)		(2.33)	

续表

变量	系统广义矩估计（SYS-GMM）		样本重新选择	
	（1）	（2）	（3）	（4）
Bankcomp_CR3		0.0482**		0.0380**
		（1.99）		（2.24）
Structure	0.1643**	0.1942**	0.1719***	0.1451***
	（2.12）	（2.34）	（3.29）	（2.77）
Scale	0.0131*	0.0126*	0.0268**	0.0106***
	（1.78）	（1.86）	（2.30）	（2.61）
Save	0.1178***	0.0815***	0.1390***	0.0879***
	（4.87）	（4.96）	（5.93）	（4.68）
Fixed	0.0638***	0.1053***	0.0825***	0.0540***
	（3.66）	（4.64）	（3.76）	（3.88）
FD	0.0001	0.0001	0.0001	0.0001
	（0.01）	（0.02）	（0.03）	（0.14）
地区固定效应	是	是	是	是
时间固定效应	是	是	是	是
Sargan test	0.519	0.646		
AR（1）	0.208	0.385		
AR（2）	0.518	0.421		
Adj R-squared			0.7329	0.7844
N	21516	21516	22906	22906

注：同表 7-5。

7.2.3　内生性与工具变量

为了检验银行结构性竞争对县域经济增长的影响，本章设定的计量模型可能存在两个方面的内生性问题。一方面，本章的模型中可能忽略了一些难以衡量的重要因素，遗漏变量是导致内生性的重要原因之一。另一方面，银行结构性竞争与县域经济增长之间可能存在逆向因果关系，即县域经济增长会反过来影响银行结构性竞争程度，从而导致内生性问题。中小银行更愿意在经济水平较高的地区设置分支机构，进而引起地区银行结构性竞争程度的加剧。但是，在中国金融监管体制下，中资商业银行分支机构的筹建需由其总行向当地银监局提交申请，由银监局审查并批准筹建。

申请获批后，筹建期通常在半年左右，而且，筹建完成后的正式开业同样需由当地的银监局批准。此外，商业银行在筹建分支机构的过程中，需要较长时间准备营业场所以及招聘员工。商业银行从计划设立分支机构到正式开业的整个过程通常无法在一年内完成。因此，当年的银行结构性竞争本身就具有一定的外生性，能够部分缓解因逆向因果关系导致的内生性问题。

为了进一步解决内生性问题，本章参考 Chong 等（2013）与张杰等（2017）的做法，选取县所在省份内 GDP 规模最为接近的三个其他县的银行结构性竞争的加权平均值作为相应的工具变量。一方面，同一省份内经济发展水平接近的地区，也是同一类型银行甚至不同类型银行筹建分支机构决策动机相似的地区，并且政府管制在同一省份内经济发展水平接近的地区也具有相似性。因此，选取的工具变量必然与本县的银行结构性竞争程度具有高度相关性。另一方面，由于中国信贷市场具有明显的地域分割的特征，县域银行机构的信贷资源难以直接流向其他县域，因而，其他县域的银行结构性竞争并不会直接影响本县的经济增长。除了上述的工具变量外，本章还选择县所在省份内与该县相邻的其他县的银行结构性竞争的加权平均值作为另一种工具变量。原因在于，在区域维度的工具变量选择中，采用邻近区域的均值是一个较为通用且可行的做法。工具变量法的估计结果见表7-8，根据识别不足检验与弱工具变量检验的估计结果，本章选择的工具变量存在较强的相关性，而且不存在弱工具变量问题，用该方法控制了内生性问题后，所得的实证结果与前文无异，本书的结论是稳健的。

表7-8　工具变量法的估计结果

变量	GDP 接近县加权平均值作为工具变量		邻近县加权平均值作为工具变量	
	（1）	（2）	（3）	（4）
Bankcomp_HHI	0.0278 ***		0.0314 **	
	（2.81）		（2.40）	
Bankcomp_CR3		0.0356 **		0.0366 **
		（2.23）		（2.52）
Structure	0.1316 ***	0.0857 ***	0.1208 **	0.0910 **
	（3.52）	（2.94）	（2.21）	（2.44）
Scale	0.0682	0.0179 *	0.0491 *	0.0105 **
	（1.19）	（1.71）	（1.78）	（2.16）

续表

变量	GDP 接近县加权平均值作为工具变量		邻近县加权平均值作为工具变量	
	（1）	（2）	（3）	（4）
Save	0.0917***	0.0876***	0.1196***	0.0648***
	(3.94)	(3.17)	(4.86)	(4.61)
Fixed	0.0848***	0.1113***	0.0659***	0.0792***
	(4.81)	(4.46)	(3.29)	(3.61)
FD	0.0012	0.0008	0.0010	0.0009
	(0.17)	(0.32)	(0.16)	(0.41)
地区固定效应	是	是	是	是
时间固定效应	是	是	是	是
识别不足检验	295.286	471.581	381.952	416.677
	(0.000)	(0.000)	(0.000)	(0.000)
弱工具变量检验（RKF 检验）	828.106	1038.285	695.017	881.431
	(16.38)	(16.38)	(16.38)	(16.38)
Centered R^2	0.615	0.519	0.405	0.525
N	23309	23309	23309	23309

注：同表 7-5。

7.3　进一步研究

基于理论分析与实证检验可知，银行结构性竞争推动了县域经济增长。本书需要进一步讨论银行结构性竞争推动县域经济增长的影响途径与内在机制。另外也需要思考，相较于国有银行分支机构数量增加引致的结构性竞争加剧，股份制银行分支机构增多引致的结构性竞争加剧对县域经济增长是否存在差异性？同时，在具有不同特征的县域中，银行结构性竞争的影响是否相同？为了阐述清楚银行结构性结构的具体作用，本章将进一步从内在机制、拓展性研究以及异质性作用三个方面展开讨论。

7.3.1　影响途径与内在机制

（1）银行结构性竞争推动经济增长的影响途径

银行结构性竞争对县域内不同产业存在不同的作用。杨扬等（2019）针对不同行业的货币需求进行研究发现，建筑业与制造业由于产业链较长、资本密集程度较高，货币需求则较大，而农业与服务业由于生产链较短，需要其他行业的投入较少，货币需求相应较小。因此，本章将县域的国民生产总值划分为第一、第二以及第三产业增加值，来考察银行结构性竞争对不同产业的差异性作用。

表7-9为银行结构性竞争对不同产业影响的估计结果，其中，第（1）~（3）列的被解释变量分别对应第一、第二以及第三产业增加值的对数值。可以看出，银行结构性竞争程度的提升能够显著提高县域的第二产业增加值，而对第一以及第三产业增加值没有显著的影响。这可能在于工业发展的资本密集程度较高，资本需求较大，而第一以及第三产业的资本需求较小，银行结构性竞争更加有利于解决工业的融资需求，从而带动第二产业的发展，而对第一和第三产业的发展影响较小。为了进一步验证银行结构性竞争对县域经济增长的影响是通过第二产业实现的，本章在第（4）列加入银行结构性竞争 Bankcomp_HHI 与第二产业增加值 Lnind2 的交互项。表7-9第（4）列中的结果显示，Bankcomp_HHI×Lnind2 交互项的估计系数在5%的水平下显著为正，这说明银行结构性竞争确实通过第二产业的发展促进了县域经济增长，而且对第二产业发展较好县域的促进作用更大。

表7-9　银行结构性竞争对不同产业差异性作用的估计结果

变量	$Lnind1$ （1）	$Lnind2$ （2）	$Lnind3$ （3）	$lnGDP$ （4）
$Bankcomp\_HHI$	0.0648 （1.58）	0.1581** （2.26）	−0.0155 （−0.43）	−0.5634** （−1.97）
$Bankcomp\_HHI×lnind2$				0.0559** （2.12）
$Lnind2$				0.4358*** （5.23）
控制变量	是	是	是	是
地区固定效应	是	是	是	是
时间固定效应	是	是	是	是
$Adj\ R-squared$	0.8511	0.8285	0.8873	0.9552
N	23309	23309	23309	23309

注：*、**、***分别代表在10%、5%、1%的水平下通过了显著性检验，括号内为t统计量。所有回归结果的标准误差经县域层面聚类调整。由于篇幅原因，简化该表控制变量，所有控制变量同表7-5。

（2）银行结构性竞争推动经济增长的内在机制

前文的理论分析从传统的柯布—道格拉斯生产函数展开，认为提高县域资本存量与提升全要素生产率是银行结构性竞争推动县域经济发展的两种内在机制。因此，本节为了实证检验这两个方面是否是银行结构性竞争促进县域经济增长的内在机制，构造了如下的中介模型：

$$Y_{it} = \alpha_0 + \alpha_1 Bankcomp_{it} + \beta_j \sum_{j=1}^n Control_{jit} + \mu_i + \delta_t + \varepsilon_{it} \qquad (7-2)$$

$$X_{it} = \alpha_0 + \alpha_2 Bankcomp_{it} + \beta_j \sum_{j=1}^n Control_{jit} + \mu_i + \delta_t + \varepsilon_{it} \qquad (7-3)$$

$$Y_{it} = \alpha_0 + \alpha_1 Bankcomp_{it} + \alpha_3 X_{it} + \beta_j \sum_{j=1}^n Control_{jit} + \mu_i + \delta_t + \varepsilon_{it} \quad (7-4)$$

其中，X_{it} 为中介变量，分别为资本存量与全要素生产率，其余变量与前文公式（1）保持一致。关于中介变量的指标选择说明如下：

1. 资本存量。银行结构性竞争加剧会激励这些中小银行机构将资源集中于具有比较优势的技术（Presbitero 和 Zazzaro，2011），策略性地选择增加"软信息"和关系借贷投资，从而提升本地的资本存量，进而促进经济增长。本章以 2000 年作为基期，参考单豪杰（2008）的做法，采用基期的固定资产投资额除以折旧率与 2000—2016 年期间固定资产投资平均增长率之和，估算各县域基期的资本存量，2000 年以后各县域的资本存量采用永续盘存法进行估算得出具体的计算公式为：$K_{i,t} = (1-\delta) K_{i,t-1} + I_{i,t}/P_{i,t}$，其中，$I$ 为县域的固定资产投资额，P 为县域所在省份的固定资产价格指数，δ 为折旧率，本章设定为 9.6%。本章将对各县域各年的资本存量进行对数化处理。

2. 全要素生产率。银行结构性竞争削弱了国有银行的垄断势力，倒逼国有银行尝试转变经营模式与提升运营效率，积极参与有潜质的中小企业的发展，并构建全方位的中小金融服务平台，这有利于提升地区全要素生产率，从而能够更好地服务于地区经济增长。本章将采用随机前沿法测算县域的全要素生产率，其中生产函数设定为超越对数生产函数。全要素生产率的产出指标为县域生产总值，用县所在省份的 GDP 平减指数换算成为以 2000 年不变价的实际 GDP。投入指标分别为劳动力与资本存量，资本存量采用经过永续盘存法计算的实际资本存量。

表7-10的第（2）列和第（4）列中的结果显示，资本存量的估计系数在1%的水平下显著为正，全要素生产率的估计系数在5%水平下显著为正，表明银行结构性竞争程度的提升能够提高县域资本存量以及提升全要素生产率。另外，第（3）列和第（5）列中的结果显示，资本存量以及全要素生产率的估计结果均在1%水平下显著为正，表明提高资本存量以及提升全要素生产率能够推动县域经济增长。因此，通过三个回归模型的中介机制检验，发现提高资本存量以及提升全要素生产率确实是银行结构性竞争推动县域经济增长的内在机制，即银行结构性竞争可以通过提高资本存量以及提升全要素生产率推动县域经济增长。

表7-10　银行结构性竞争对县域经济增长的中介机制检验

变量	lnGDP (1)	lnK (2)	lnGDP (3)	TFP (4)	lnGDP (5)
Bankcomp_HHI	0.1077*** (2.60)	0.1351*** (4.85)	0.0835** (2.41)	0.0091** (2.03)	0.0724*** (3.16)
lnK			0.3984*** (6.31)		
TFP					0.4248*** (4.29)
控制变量	是	是	是	是	是
地区固定效应	是	是	是	是	是
时间固定效应	是	是	是	是	是
Adj R-squared	0.9051	0.7329	0.8905	0.8193	0.9132
N	23309	23309	23309	23309	23309

注：同表7-5。

7.3.2　拓展性研究

各个县级行政区的银行市场结构并不相同，相较于国有银行分支机构数量增加引致的结构性竞争加剧，农信社与村镇银行分支机构增多引致的银行结构性竞争加剧对县域经济增长是否存在差异性影响？相较于国有银行而言，在县域内的农信社与村镇银行大多属于地方性银行，在县域银行体系中，不同类型银行机构的经营行为并不一致。因此，本节将检验农信社与村镇银行机构占比对银行结构性竞争影响县域经济增长的调节作用。

本节将构建一个调节变量 JCBC，当某一年度某县的银行机构中，若农信社与村镇银行机构占全部银行分支机构的比重大于同一年度全国各县中农信社与村镇银行机构占其全部银行分支机构的比重的中位数，则本节将该县该年的 JCBC 取值为 1，否则为 0。在公式（7-1）的基础上，本节添加交互项 Bankcomp_HHI×JCBC，用以检验调节作用，具体估计结果见表 7-11。表 7-11 的估计结果显示，Bankcomp_HHI 与 Bankcomp_HHI×JCBC 的系数均显著为正，这表明，当农信社与村镇银行占比较高时，银行结构性竞争更能推动县域经济增长。这也印证了上文的假设，当银行管制放松后，农信社与村镇银行机构数量的增多，有利于中小企业的融资与成长，提高当地资本存量的同时，促进企业创新与提升资本配置效率，促进县域全要素生产率，进而推动县域的经济增长。

表 7-11 银行结构性竞争、农信社与村镇银行占比与县域经济增长

变量	（1）	（2）
Bankcomp_HHI	0.0803 **	0.0649 **
	（1.98）	（2.06）
Bankcomp_HHI×JCBC	0.0461 **	0.0532 ***
	（2.52）	（2.81）
JCBC	0.0117	0.0174 *
	（1.44）	（1.71）
控制变量	否	是
地区固定效应	是	是
时间固定效应	是	是
Adj R-squared	0.8258	0.8796
N	23309	23309

注：同表 7-5。

7.3.3 异质性分析

不同县级行政区在地理区位、行政地位、地理环境以及财政因素等方面均存在较大差异，银行结构性竞争对县域经济增长的促进作用是否存在异质性呢？本节将从县域异质性特征的角度进行探讨，有助于进一步理解银行结构性竞争的效应。因此，本节将分别从地理区位、财政因素、行政地位以及地理环境四个方面，对不同县域进行分组考察银行结构性竞争效

应的异质性。

（1）地理区位。由于东部、中部、西部地区经济处于不同的发展阶段，县域经济增长的目标以及约束条件不尽相同。银行结构性竞争对县域经济增长的影响可能存在较大差异。因此，本节将所有县域样本划分为东部、中部、西部地区，进行分别考察。东部、中部、西部的估计结果见表7-12，发现仅有中部地区的银行结构性竞争促进了县域经济增长，而东部地区和西部地区的估计系数均不显著。原因可能在于，一方面，虽然东部地区的市场化程度、法律制度完善程度、信贷资源配置效率均较高，应该有利于发挥银行结构性竞争的作用，但是其经济发展水平、资金充裕程度以及银行竞争程度已然处于较高的水平，在推动其经济增长达到目标上，银行结构性竞争可能并不是重要的推动力。另一方面，虽然银行结构性竞争主要是通过促进工业发展推动经济增长，但是西部地区的工业发展较为落后，整体水平较低，银行结构性竞争促进工业发展的程度，不足以达到显著促进经济增长的目标。而中部地区的工业发展，虽然与东部地区相比较为薄弱，但是比西部地区发达，因此，中部地区的银行结构性竞争程度提升后，更多的信贷资源能够向本地倾斜，从而有利于推动经济增长。

（2）财政因素。在发展性政府的制度框架下，财政是地方政府推动县域经济增长的重要手段。设立贫困县作为扶贫开发政策中的重要措施，对县域经济增长有着重要影响。贫困县主要集聚在中西部地区，以革命老区、山区县、民族县以及边疆县为主，地理自然条件较差、经济发展水平较低，每年可以从中央或者省级政府获取数量可观的财政专项扶贫资金，同时在经济开发、贴息贷款以及税收方面均有优惠政策。贫困县与非贫困县在财政转移方面有巨大的差异，需要考察银行结构性竞争是否具有差异化的影响。本节将全部县域划分为贫困县与非贫困县，其中贫困县为572个，非贫困县为1221个。表7-12的结果显示，在贫困县的样本中，银行结构性竞争对经济增长没有任何影响，而在非贫困县中，银行结构性竞争能够推动经济增长。原因可能在于，贫困县在经济发展方面的财税优惠政策扭曲了资本价格，加剧了不正当竞争、寻租以及合谋等恶性竞争，从而弱化了银行体系的激励效应（李军林和朱沛华，2017），而且，贫困县的经济活跃程度较低，经济发展的基础较差，金融基础设施也相对较差，导致银行结构性竞争的作用无法得到有效发挥，进而无法推动经济增长。

表 7-12　银行结构性竞争对县域经济增长影响的异质性：区分地理区位与财政因素

变量	东部	中部	西部	贫困县	非贫困县
Bankcomp_HHI	0.0274 （0.90）	0.2415*** （2.84）	0.0467 （0.93）	0.0558 （1.21）	0.1612** （2.53）
控制变量	是	是	是	是	是
地区固定效应	是	是	是	是	是
时间固定效应	是	是	是	是	是
Adj R-squared	0.9406	0.9090	0.9135	0.8212	0.8907
N	6747	7758	10111	7436	15873

注：同表 7-5。

（3）行政地位。中国县级行政区主要包括市辖区、县和县级市三种类型。不同类型的县级行政区在初始禀赋与资源获取能力上存在较大的差距。市辖区隶属于地级市，并由地级市直接管辖，能够与地级市的行政体系相互联动，享受地级市的辐射作用。县与县级市具有相对独立的自主权（张莉等，2018），但二者之间存在一些差异，虽然县与县级市同为县级行政单位，但是县级市在人员与资金配置方面均是按照市的规则进行安排，在城市管理与建设层面更容易实现自主权，在土地出让与招商引资方面更具有优势。考虑到二者之间的差异，本书将定义一个变量 CLC，当县级行政区是县级市时，该变量取值为 1，而县级行政区为县时，该变量则取值为 0。进一步将变量 CLC 与银行结构性竞争进行交乘，加入计量模型（7-1）进行估计，估计结果见表 7-13。本文发现，CLC×Bankcomp 的系数显著为正，表明无论是县还是县级市，银行结构性竞争都能够显著地推动经济增长，但是当县级行政区为县级市时，这种经济增长的推动作用更强。

表 7-13　银行结构性竞争对县域经济高质量发展影响的异质性：区分行政地位和地理环境

变量	（1）	（2）
Bankcomp_HHI	0.0625*** （2.73）	0.1693*** （2.95）
CLC×Bankcomp_HHI	0.1249*** （2.78）	
GP×Bankcomp_HHI		−0.1248** （−2.07）
控制变量	是	是

变量	（1）	（2）
地区固定效应	是	是
时间固定效应	是	是
Adj R-squared	0.9301	0.8946
N	23309	23309

注：其中的 CLC 以及单独项的估计结果会被双向固定效应模型所忽略，其余的同表 7-5。

（4）地理环境。"市领导县"是中国的基本行政机构体制，初衷是发挥中心城市对县域的带动作用。地级市市辖区作为地级市的中心，同样也是该地区的经济中心，对下辖县级行政区能够产生溢出作用与虹吸作用，这两种相反的作用会随着地理距离的增加而衰减。与地级市市辖区的距离越近，受到中心的这两种作用越大，那么银行结构性竞争的作用出现何种改变，需要进行进一步考察。本节将根据县级行政区与地级市市辖区的距离，将所有县域样本划分为"偏远县"与"邻近县"，其中市县的距离是根据经纬度计算得到的球面距离，各市县的经纬度数据来源于 CNRDS 数据库。本节将定义一个变量 GP，当县级行政区是偏远县时，该变量取值为1，而县级行政区为邻近县时，该变量则取值为 0。进一步将变量 GP 与银行结构性竞争进行交乘，加入计量模型（7-1）进行估计，估计结果见表 7-13。研究发现，GP×Bankcomp 的系数显著为负，表明偏远县的银行结构性竞争对经济增长的促进作用较弱。原因可能在于，邻近县与地级市的距离较近，县域经济受到地级市的溢出作用较强，能够吸引生产要素等经济资源流入，从而更好地发挥出银行结构性竞争对经济增长的促进作用。

7.4　研究结论

本章基于中国银监会公布的金融许可证数据构造了县域银行结构性竞争指标，并结合 2004—2016 年中国 1793 个县域数据，考察了银行结构性竞争对经济增长的影响，实证检验了其传导途径与异质性，回答了银行结构性竞争程度的增强如何影响县域经济增长，这种影响是通过何种渠道传导的，以及在银行结构性竞争程度相同的情况下，何种类型银行对县域经济增长的影响更大的一系列问题，最后探讨了县域银行结构性竞争对经济增长的作用是否存在区域的异质性。本章得到的主要结论有：

　　第一，本章利用县域实际生产总值与实际人均生产总值衡量县域经济增长。通过对县域经济增长情况进行统计分析，发现从整体宏观层面而言，县域实际生产总值与实际人均生产总值处于逐年增长的趋势。从区域层面来看，将全部县域按照地理区位、是否贫困县与行政地位进行划分，发现不同类型县域生产总值与实际人均生产总值的变动趋势与整体层面是一致的，但是却存在较大的区域差异性。东部地区县域、非贫困县与县级市的生产总值与实际人均生产总值的绝对水平远高于中西部地区、贫困县与县，但是它们的平均增长率却低于中西部地区、贫困县与县，地区之间的实际生产总值与实际人均生产总值呈现收敛趋势。

　　第二，银行结构性竞争的加剧有利于推动县域经济增长，这个结果在通过一系列稳健性检验，包括替换核心解释变量、更换被解释变量的衡量方式、更换估计方法与样本重新选择等方法，并且在考虑内生性问题的情况下运用工具变量法，本章的研究结论依旧成立。进一步根据影响途径来看，银行结构性竞争主要是通过促进工业发展来推动县域经济增长，而对于农业与服务业没有产生显著性的作用，从影响的内在机制来看，银行结构性竞争能够提高县域的资本存量以及提升全要素生产率，进而推动县域经济增长。拓展性研究发现，农信社与村镇银行机构数量占比对银行结构性竞争影响经济增长存在着调节作用，当农信社与村镇银行机构数量占比较高时，银行结构性竞争更加有利于县域经济增长。最后异质性研究表明，在具有不同特征的县域样本中，银行结构性竞争对经济增长的影响存在异质性。在中部地区以及非贫困县的样本中，银行结构性竞争对县域经济增长均存在促进作用，而在东部地区、西部地区以及贫困县的样本中，银行结构性竞争的作用不显著。县级市以及邻近县的银行结构性竞争对经济增长的促进作用明显强于县以及偏远县。

第8章 银行结构性竞争与县域经济发展质量提升

改革开放以来，中国经济发展创造了"东亚奇迹"，取得了举世瞩目的成就。近年来，中国经济发展虽然依旧迅速，但经济增速呈明显的"L形"下行态势，这是长期以来中国经济粗放式发展带来的不良后果。如果不及时改变经济发展理念并转换经济增长动能，中国经济真有可能会走向"克鲁格曼预言"①。为此，中央政府高度重视经济增长方式的转换，相继提出了创新、协调、绿色、开放和共享五大发展理念，振兴实体经济、创新驱动发展、振兴乡村合理布局、高水平开放和全面深化改革五大发展战略，以及深化供给侧结构性改革等战略性发展方针，旨在建设现代化经济体系。与此同时，习近平总书记在党的十九大上明确指出，"我国经济已由高速增长阶段转向高质量发展阶段"。可见，高质量发展是新时代下中国经济增长的主旋律，是现代化经济体系的核心表征。

那么，如何实现经济高质量发展呢？既有大部分文献对高质量发展的理解是从全要素生产率展开的（余泳泽等，2018）。内生增长理论认为全要素生产率是实现经济可持续发展的动力源泉。中国经济迈向高质量发展阶段，需要以提升全要素生产率为关键。推动经济增长与全要素生产率是经济学界多年来的重要议题，现在众多学者普遍认同金融部门在长期经济发展中的重要地位。但是，在中国经济快速增长时期，一个比较突出的金融发展悖论现象就是，稳定快速发展的国民经济与低效率的金融体系（正规金融）并存（张杰等，2017）。众所周知，中国的金融体系是以银行为主导的。自1998年确立了加快银行体系市场化改革的战略目标以来，中国的金融体系发生了深刻的变化。其中，特别需要关注的是，中国政府推进的放松银行准入管制政策，通过鼓励股份制商业银行、城市商业银行设立异地分支机构，促进形成多层次的银行体系，强化银行之间的竞争关系，进而

---

① 克鲁格曼（1994）发现东亚国家的经济增长主要靠的是要素投入的增加，也就是高劳动参与、高储蓄、高投资，而非技术进步。因为要素投入总有限度，而且边际产出递减，在这一证据基础上，克鲁格曼认为"亚洲无奇迹"，并预言"亚洲奇迹"难以持续。

利用竞争机制提升银行体系的整体效率，从而更好地促进县域的全要素生产率。

本章在明确核心解释变量与被解释变量的测度指标上，采用县级层面的面板数据，运用固定效应模型、系统广义矩、两阶段最小二乘法等多种估计方法，实证研究银行结构性竞争对县域高质量发展的影响以及区域差异性，从而探讨与解析如下问题：第一，现实中县域银行结构性竞争程度的增强是否能够有效地促进县域全要素生产率；第二，县域银行结构性竞争的增强通过何种渠道影响全要素生产率；第三，在银行结构性竞争程度相同的情况下，何种类型银行对县域全要素生产率的影响更大；第四，县域银行结构性竞争对全要素生产率的作用是否存在区域异质性。

8.1　模型设定、变量选择与描述性统计

8.1.1　模型设定

本章所要检验的是银行结构性竞争对县域经济高质量发展的影响，为了检验理论分析中的假设，本章将基本计量回归模型设定如下：

$$TFP_{it} = \alpha_0 + \alpha_1 Bankcomp_{it} + \beta_j \sum_{j=1}^{n} Control_{jit} + \mu_i + \delta_t + \varepsilon_{it} \quad (8-1)$$

其中，i 表示县域，t 表示年份，TFP 表示县域经济发展质量，$Bankcomp$ 表示县域的银行结构性竞争程度，$Control$ 表示模型中控制变量的集合。以上各种变量的具体衡量方式在后续的变量选择一节中进行详细阐述。同时，本章还加入了地区固定效应 μ 与时间固定效应 δ，用以捕捉无法观测的异质性因素以及共同冲击的影响。ε 表示随机扰动项。所用模型采用稳健性标准误且聚类到县域层面。

8.1.2　变量选择

本章选取了 2004—2016 年中国 1793 个县级行政区的面板数据，数据主要来源于 CSMAR 数据库、《中国县域统计年鉴（县市卷）》、各省的统计年鉴以及中国银保监会网站。本章所涉及的核心变量处理如下：

（1）经济发展质量。现有文献中，经济发展质量的衡量方式主要分为两种方式，第一种方式是构建经济发展质量的指标体系，例如魏敏和李书

昊（2018）构建的涵盖经济结构优化、创新驱动发展、资源配置高效等10个方面的经济发展质量测度体系，张军扩等（2019）遵循高效、包容与可持续发展三大原则，减少数量型、结构型与手段型指标选取，增加反映质量与结果等指标的选取，构建出能够较好反映经济高质量发展的指标体系。第二种方式是将全要素生产率作为经济发展质量的替代指标。全要素生产率能够较好地反映出经济增长的效率与结构等因素，内生增长理论认为全要素生产率是实现经济可持续发展的动力源泉。中国经济迈向高质量发展阶段，需要以提升全要素生产率为关键。因此，本章采用第二种方式，用全要素生产率衡量经济发展质量。

本章将采用随机前沿法（SFA）测算县域的全要素生产率，其中生产函数设定为超越对数生产函数，并且根据超越对数生产函数的分解方法，将全要素生产率分解为规模效率（SE）、技术进步（TP）与技术效率（TE）。其中，产出指标为县域生产总值，用县所在省份的 GDP 平减指数换算成为以 2000 年不变价的实际 GDP。投入指标分别为劳动力与资本存量，其中资本存量采用永续盘存法进行计算，价格指数采用县所在省份的固定资产价格指数，折旧率设定为 9.6%。由于县域数据的限制，本章选取 2000 年作为基期，计算后续各年的资本存量。为了保证实证结果的稳健性，本章运用数据包络法（DEA-Malmquist）测算中国各县域的全要素生产率，作为估计结果的稳健性分析。

（2）核心解释变量。核心解释变量为银行结构性竞争，其计算与说明具体见 4.2.3。

（3）控制变量。在本章的研究中，除了银行结构性竞争外，县域的其他特征同样可能会对经济发展质量产生潜在的影响，从而导致估计结果产生偏差。根据已有文献来看，经济发展质量的影响因素大致可以分为三类，分别为制度环境与政府行为、创新模式与市场机制以及创新基础设施。本章参照这种思路，结合县域数据的可得性，选取如下控制变量：财政自主度（FD），采用政府财政一般预算内支出与财政一般预算内收入的比值衡量；经济发展水平（RGDP），采用人均实际 GDP 的对数值表征；产业结构（INDUS），采用规模以上工业总产值与 GDP 的比值度量；人力资本水平（HUM），采用普通中学在校学生数占总人口的比重来表示；金融发展水平（FIN），采用人均储蓄存款余额的对数值来表示。另外，本章还加入了县域虚拟变量以及时间虚拟变量，用以控制不随时间与县域变化的其他因素的冲击。

8.1.3　描述性统计分析

（1）全要素生产率的统计分析

表8-1、图8-1与图8-2列出了中国县域的全要素生产率的整体情况以及分布特征。从总体来看，中国县域全要素生产率的均值从2005年的0.1443下降到2016年的0.0840，年均下降4.8%，这与既有文献中关于全要素生产率不断恶化的结论大致相同（邓晓兰等，2019）。本书认为县域在经济发展阶段仍然依赖于大量的资本积累和劳动力投入，其技术进步、技术效率和资源分配效率较低，产业结构不合理，导致全要素生产率水平持续走低。将所有县域划分为贫困县与非贫困县，贫困县与非贫困县的全要素生产率的变动趋势与整体的基本一致，处于逐年下降趋势。在贫困县的样本中，全要素生产率的均值从2005年的0.1103下降到2016年的0.0290，年均下降11.44%，而在非贫困县的样本中，全要素生产率的均值从2005年的0.1587下降到2016年的0.1074，年均下降3.49%。贫困县全要素生产率的绝对值水平不仅远低于非贫困县，而且其下降幅度同样远大于非贫困县，贫困县的经济发展质量问题更为严重。

表 8-1　县域全要素生产率的分布特征

年份	整体	非贫困	贫困县	东部	中部	西部	县级市	县
2005	0.1443	0.1587	0.1103	0.1913	0.1464	0.1121	0.1900	0.1362
2006	0.1373	0.1525	0.1017	0.1864	0.1371	0.1056	0.1864	0.1282
2007	0.1299	0.1465	0.0912	0.1808	0.1275	0.0988	0.1817	0.1200
2008	0.1249	0.1427	0.0832	0.1779	0.1222	0.0926	0.1778	0.1120
2009	0.1156	0.1338	0.0729	0.1706	0.1136	0.0813	0.1713	0.1021
2010	0.1096	0.1290	0.0642	0.1662	0.1068	0.0750	0.1685	0.0958
2011	0.1054	0.1256	0.0580	0.1631	0.1039	0.0690	0.1659	0.0911
2012	0.0976	0.1186	0.0483	0.1561	0.0980	0.0593	0.1594	0.0832
2013	0.0919	0.1132	0.0418	0.1514	0.0920	0.0532	0.1545	0.0770
2014	0.0885	0.1107	0.0364	0.1490	0.0881	0.0496	0.1538	0.0732
2015	0.0864	0.1091	0.0329	0.1473	0.0851	0.0477	0.1523	0.0709
2016	0.0840	0.1074	0.0290	0.1460	0.0825	0.0447	0.1509	0.0683

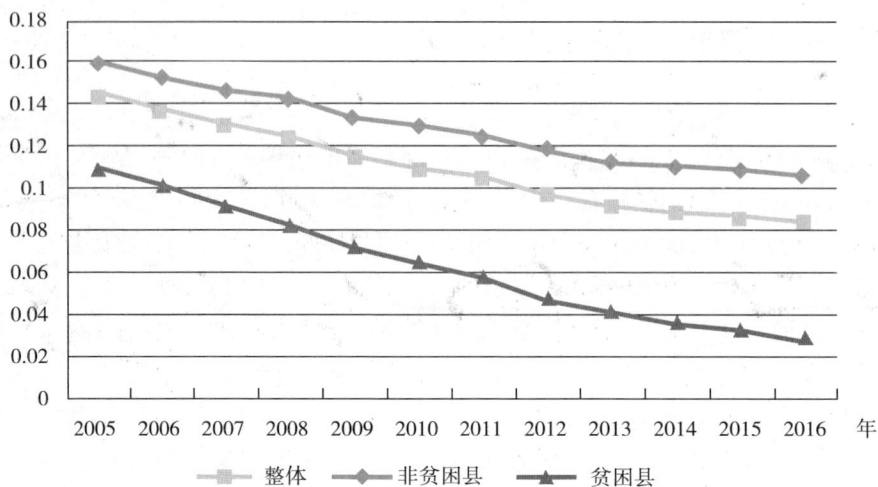

图8-1　整体、贫困县与非贫困县的全要素生产率的变动趋势

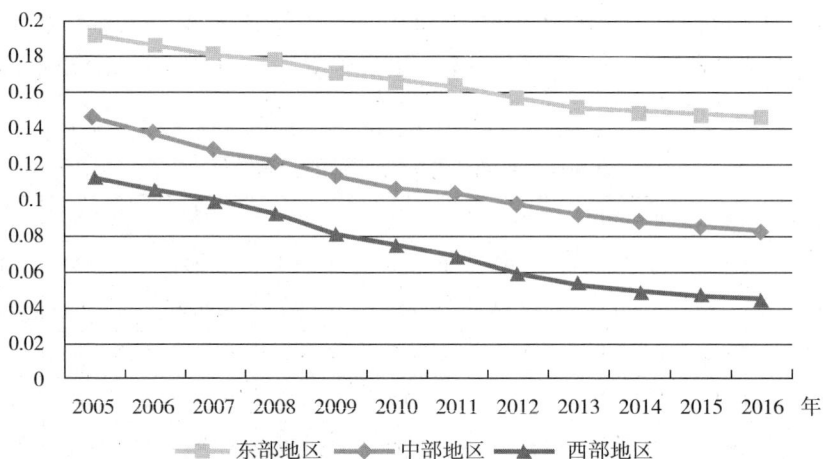

图8-2　东部、中部与西部地区县域的全要素生产率的变动趋势

　　将所有县域按地理区位划分为东部地区、中部地区以及西部地区，各个地区县域的全要素生产率的变动趋势见图8-2。从图8-2中可以看出，不论是东部还是中西部地区，各地区县域的全要素生产率的变动趋势与整体的基本一致，处于逐年下降趋势。在东部地区的样本中，全要素生产率的均值从2005年的0.1913下降到2016年的0.1460，年均下降2.43%；在中部地区的样本中，全要素生产率的均值从2005年的0.1464下降到2016年的0.0825，年均下降5.08%；在西部地区的样本中，全要素生产率的均值从2005年的0.1121下降到2016年的0.0447，年均下降8.02%。西部地区

县域的全要素生产率的绝对值不仅是最小的，而且下降幅度也是最大的，中部地区县域的全要素生产率的绝对值与下降幅度居中，而东部地区县域的全要素生产率的绝对值是最大的，下降幅度是最小的。西部地区的县域经济发展质量问题是最严重的。

将所有县域按行政地位划分为县级市与县，全要素生产率的变动趋势见图 8-3。从图 8-3 中可以看出，不论是县级市还是县，它们的全要素生产率的变动趋势与整体的基本一致，处于逐年下降趋势。在县级市的样本中，全要素生产率的均值从 2005 年的 0.1900 下降到 2016 年的 0.1509，年均下降 2.07%；在县的样本中，全要素生产率的均值从 2005 年的 0.1362 下降到 2016 年的 0.0683，年均下降 6.08%。县的全要素生产率绝对值水平低于县级市，但下降速度高于县级市。县的经济发展质量问题是最严重的。

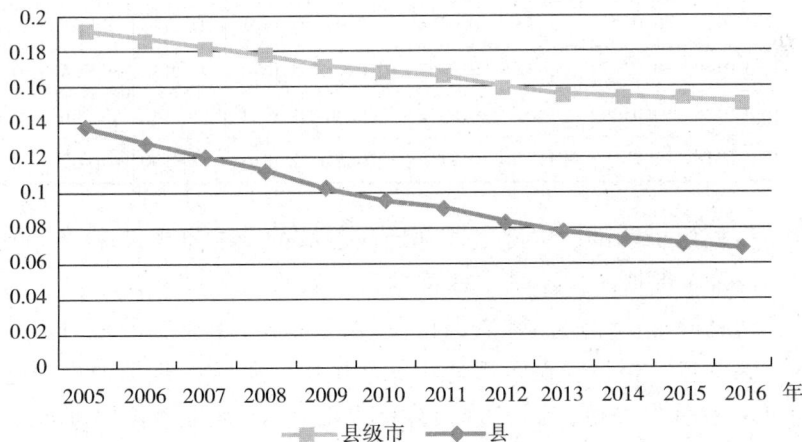

图 8-3　县级市与县的全要素生产率的变动趋势

（2）全要素生产率分解项的统计分析

表 8-2 列出了中国县域的全要素生产率分解项的整体情况以及贫困县与非贫困县中的分布特征。从整体层面来看，县域全要素生产率的下降主要原因是由于技术进步的相对恶化，县域的规模效率有所提升，其技术效率提升较大。在非贫困县的样本中，技术进步、规模效率与技术效率的变动趋势与整体层面基本保持一致。在贫困县的样本中，规模效率处于波动下降的趋势，规模效率不断恶化，仅有技术效率有所提升。

表8-2　县域全要素生产率分解项的分布特征：整体、非贫困县与贫困县

年份	整体			非贫困县			贫困县		
	SE	*TP*	*TE*	*SE*	*TP*	*TE*	*SE*	*TP*	*TE*
2005	−0.0192	0.0715	0.0944	−0.0212	0.0698	0.1116	−0.0139	0.0756	0.0515
2006	−0.0178	0.0578	0.0996	−0.0196	0.0560	0.1173	−0.0134	0.0624	0.0552
2007	−0.0176	0.0450	0.1046	−0.0185	0.0430	0.1232	−0.0154	0.0498	0.0588
2008	−0.0163	0.0326	0.1081	−0.0166	0.0307	0.1275	−0.0156	0.0374	0.0616
2009	−0.0186	0.0201	0.1137	−0.0192	0.0182	0.1337	−0.0174	0.0348	0.0659
2010	−0.0182	0.0080	0.1197	−0.0181	0.0060	0.1403	−0.0183	0.0127	0.0703
2011	−0.0163	−0.0040	0.1256	−0.0161	−0.0059	0.1468	−0.0170	0.0005	0.0748
2012	−0.0180	−0.0161	0.1317	−0.0175	−0.0179	0.1535	−0.0191	−0.0117	0.0796
2013	−0.0180	−0.0281	0.1378	−0.0178	−0.0299	0.1601	−0.0183	−0.0239	0.0845
2014	−0.0162	−0.0397	0.1443	−0.0157	−0.0414	0.1672	−0.0172	−0.0355	0.0896
2015	−0.0136	−0.0509	0.1509	−0.0132	−0.0526	0.1743	−0.0146	−0.0469	0.0948
2016	−0.0118	−0.0617	0.1575	−0.0112	−0.0634	0.1815	−0.0130	−0.0578	0.1002

表8-3列出了东部、中部与西部地区县域的全要素生产率分解项分布特征。不论是东部地区，还是中西部地区，其规模效率、技术进步与技术效率的变动趋势与整体层面基本保持一致，而且技术进步的绝对水平在三个地区内保持基本相当。在东部地区的样本中，县域的规模效率与技术效率的绝对水平是最高的，而且规模效率与技术效率的增长幅度也是最高的，中部地区次之，而西部地区的绝对水平与增长幅度均是最低的。

表8-3　县域全要素生产率分解项的分布特征：东部、中部与西部地区

年份	东部			中部			西部		
	SE	*TP*	*TE*	*SE*	*TP*	*TE*	*SE*	*TP*	*TE*
2005	−0.0191	0.0695	0.1379	−0.0151	0.0745	0.0870	−0.0226	0.0704	0.0694
2006	−0.0162	0.0553	0.1443	−0.0154	0.0604	0.0921	−0.0209	0.0575	0.0738
2007	−0.0154	0.0425	0.1507	−0.0169	0.0470	0.0973	−0.0196	0.0451	0.0778
2008	−0.0128	0.0304	0.1571	−0.0150	0.0344	0.1028	−0.0196	0.0328	0.0798
2009	−0.0145	0.0181	0.1639	−0.0163	0.0215	0.1084	−0.0232	0.0204	0.0847
2010	−0.0138	0.0061	0.1718	−0.0165	0.0091	0.1142	−0.0223	0.0084	0.0897
2011	−0.0122	−0.0057	0.1788	−0.0135	−0.0028	0.1201	−0.0213	−0.0037	0.0948

续表

年份	东部			中部			西部		
	SE	*TP*	*TE*	*SE*	*TP*	*TE*	*SE*	*TP*	*TE*
2012	−0.0142	−0.0278	0.1860	−0.0135	−0.0147	0.1262	−0.0239	−0.0161	0.1001
2013	−0.0142	−0.0297	0.1933	−0.0140	−0.0266	0.1326	−0.0235	−0.0282	0.1054
2014	−0.0125	−0.0411	0.2011	−0.0129	−0.0381	0.1390	−0.0211	−0.0399	0.1110
2015	−0.0105	−0.0524	0.2085	−0.0111	−0.0493	0.1456	−0.0175	−0.0511	0.1168
2016	−0.0086	−0.0631	0.2161	−0.0096	−0.0602	0.1524	−0.0155	−0.0620	0.1227

表8-4 列出了县级市与县的全要素生产率分解项分布特征。无论是县级市还是县，其规模效率、技术进步与技术效率的变动趋势与整体层面的基本保持一致，而且技术进步的绝对水平在三个地区内保持基本相当。在县级市的样本中，县级市的规模效率与技术效率的绝对水平要高于县的，而且县级市的规模效率与技术效率的年均增长率也是高于县的。

表 8-4　县域全要素生产率分解项的分布特征：县级市与县

年份	县级市			县		
	SE	*TP*	*TE*	*SE*	*TP*	*TE*
2005	−0.0205	0.0671	0.1434	−0.0188	0.0726	0.0825
2006	−0.0169	0.0535	0.1498	−0.0180	0.0589	0.0873
2007	−0.0155	0.0407	0.1564	−0.0181	0.0460	0.0921
2008	−0.0139	0.0286	0.1631	−0.0168	0.0335	0.0952
2009	−0.0152	0.0162	0.1704	−0.0194	0.0210	0.1005
2010	−0.0146	0.0041	0.1789	−0.0190	0.0088	0.1059
2011	−0.0125	−0.0077	0.1861	−0.0172	−0.0031	0.1115
2012	−0.0142	−0.0197	0.1934	−0.0189	−0.0152	0.1172
2013	−0.0142	−0.0316	0.2003	−0.0188	−0.0273	0.1231
2014	−0.0124	−0.0431	0.2093	−0.0171	−0.0388	0.1290
2015	−0.0104	−0.0542	0.2169	−0.0143	−0.0501	0.1354
2016	−0.0087	−0.0650	0.2247	−0.0124	−0.0610	0.1417

（3）控制变量的描述性统计

模型中各控制变量的描述性统计情况见表8-5。

表 8-5　模型中各控制变量的描述性统计情况

变量名称	变量符号	均值	标准差	最大值	最小值
财政自主度	FD	0.324	0.223	1.646	0.000
经济发展水平	$RGDP$	9.662	0.868	13.471	6.487
产业结构	$INDUS$	0.431	0.159	0.889	0.017
人力资本水平	HUM	0.053	0.017	0.270	0.002
金融发展水平	FIN	9.202	0.838	12.070	3.622

（4）银行结构性竞争与全要素生产率的相关关系

图 8-4 刻画了县域银行结构性竞争与全要素生产率之间的相关关系，同时给出了二者的拟合线，其中横坐标为银行结构性竞争指标，纵坐标为全要素生产率。从图 8-4 中可以看出，县域银行结构性竞争与全要素生产率的散点分布结构较为集中，但是呈现出明显的正向相关关系，即随着银行结构性竞争程度的增强，县域的全要素生产率呈现上升的趋势。

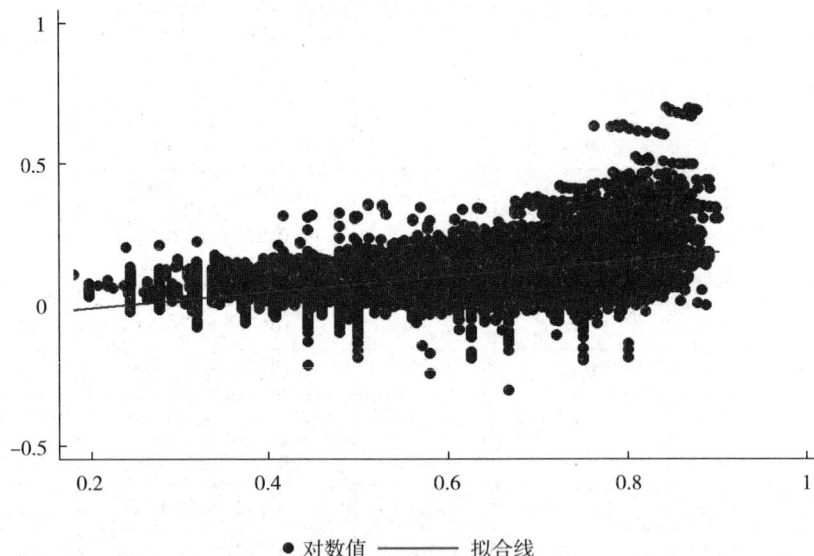

● 对数值 ——— 拟合线

图 8-4　县域银行结构性竞争与全要素生产率的散点图

8.2　实证结果与分析

8.2.1　基准回归结果

　　表 8-6 报告了银行结构性竞争对县域经济高质量发展影响的基准回归结果。在表 8-6 的第（1）、第（2）列中，赫芬达尔指数（HHI 指数）计算的银行结构性竞争作为核心解释变量，在第（3）、第（4）列中，前三大银行分支机构占比（CR3 指数）计算的银行结构性竞争作为核心解释变量。具体分析如下：在第（1）列中，没有添加任何控制变量，仅仅控制了地区固定效应与时间固定效应，估计结果显示，银行结构性竞争的系数在 5% 水平下显著为正；在第（2）列中，控制了县域的经济特征以及经济高质量发展的影响因素后，银行结构性竞争的系数依旧显著为正。此外，第（3）、第（4）列中的结果显示，用前三大银行分支机构占比计算的银行结构性竞争的系数同样为正，且在 1% 水平下显著，这与采用 HHI 指数计算的银行结构性竞争的估计结果保持一致。综合来看，表 8-6 的估计结果为本书的主要研究假设提供了经验证据，说明银行结构性竞争程度的提升确实有利于推动县域经济高质量发展。这是因为，银行结构性竞争程度的提升，有利于信贷的本地投放，缓解了本地企业的融资约束，推动了县域的资本深化，同时引导生产要素流向更高梯度的产业以及更高效率的企业，促进产业结构升级与提高资本配置效率，从而促成县域经济的高质量发展。

表 8-6　银行结构性竞争对县域经济高质量发展影响的基准回归结果

变量	全要素生产率（SFA）			
	（1）	（2）	（3）	（4）
Bankcomp_HHI	0.007 **	0.009 **		
	（2.06）	（1.98）		
Bankcomp_CR3			0.038 ***	0.035 ***
			（6.62）	（6.36）
FD		−0.002		−0.003
		（−1.00）		（−1.45）
RGDP		0.005 *		0.005 *
		（1.68）		（1.65）

续表

变量	全要素生产率（SFA）			
	（1）	（2）	（3）	（4）
INDUS		0.034***		0.032***
		（5.95）		（5.68）
FIN		-0.008***		-0.008***
		（-5.79）		（-5.71）
HUM		-0.041		-0.036
		（-1.20）		（-1.08）
地区固定效应	是	是	是	是
时间固定效应	是	是	是	是
Adj R-squared	0.638	0.653	0.641	0.656
N	21516	21516	21516	21516

注：*、**、***分别代表在10%、5%、1%的水平下通过了显著性检验，括号内为 t 统计量。所有回归结果的标准误差经县域层面聚类调整。

8.2.2 银行结构性竞争与全要素生产率各组成部分的关系

本节根据超越对数生产函数的分解方法，将全要素生产率分解为规模效率（SE）、技术进步（TP）以及技术效率（TE）。本节将进一步检验银行结构性竞争对规模效率、技术进步以及技术效率的影响。表8-7的估计结果显示，银行结构性竞争对经济高质量发展的促进作用更多体现在规模效率以及技术进步上，而对技术效率的影响并不显著。这说明，银行结构性竞争有利于促进规模经济以及技术进步，从而促进整体的经济高质量发展。县域的经济发展水平普遍较低，并未达到最优的规模经济，银行结构性竞争程度的加剧，有利于释放大量资本流向县域，从而提升规模效率。加强银行结构性竞争，有利于缓解研发型企业的融资约束（马光荣等，2014），促进企业创新，进而推动县域技术进步。而技术效率的改善，涉及较多方面，加强银行结构性竞争可能无法产生立竿见影的效果。

表 8-7　银行结构性竞争对全要素生产率各组成部分影响的估计结果

变量	规模效率	技术进步	技术效率	规模效率	技术进步	技术效率
Bankcomp_HHI	0.007**	0.004***	0.003			
	（1.98）	（4.04）	（1.27）			

续表

变量	规模效率	技术进步	技术效率	规模效率	技术进步	技术效率
Bankcomp_CR3				0.013 *** (4.05)	0.022 *** (8.46)	0.002 (0.47)
FD	−0.001 (−0.64)	−0.002 *** (−4.02)	0.001 (1.01)	−0.002 (−0.82)	−0.002 *** (−7.06)	0.000 (0.17)
RGDP	−0.001 (−0.33)	0.006 *** (6.43)	0.001 ** (2.19)	0.001 (0.30)	0.006 *** (9.15)	0.001 *** (2.58)
INDUS	0.015 *** (3.04)	0.004 *** (3.85)	−0.016 ** (−2.33)	0.014 *** (2.90)	0.004 *** (5.79)	−0.014 *** (−3.26)
FIN	−0.001 * (−1.77)	−0.000 (−1.54)	−0.007 *** (−8.23)	−0.001 * (1.84)	−0.000 (0.38)	−0.007 *** (−8.19)
HUM	−0.009 (−0.32)	0.025 *** (4.81)	−0.057 *** (−3.90)	−0.006 (−0.21)	0.027 *** (6.69)	−0.056 ** (−3.00)
地区固定效应	是	是	是	是	是	是
时间固定效应	是	是	是	是	是	是
Adj R-squared	0.035	0.696	0.647	0.035	0.652	0.647
N	21516	21516	21516	21516	21516	21516

注：同表 8-6。

8.2.3　稳健性检验

上文经过实证检验发现，银行结构性竞争有利于推动县域经济高质量发展。为了增强本节估计结果的可靠性，本节将以替换核心解释变量、替换被解释变量、样本选择、更换估计方法等方式进行稳健性分析。

（1）替换核心解释变量。本节利用县域层面的 HHI 指数以及 CR3 指数分别测算了银行结构性竞争水平，用这两种指标分别进行估计，这本身是一种替换解释变量的方法。另外，根据前文所述，通过构造地级行政区的 HHI 指数与 CR3 指数，分别计算地级市的银行结构性竞争程度，并代入模型中进行回归估计。估计结果见表 8-8 的第（1）、第（2）列，发现地级市银行结构性竞争程度的提升能够促进县域经济高质量发展，与前文的基准回归结果保持一致。

（2）县域经济发展质量的不同衡量方式。在全要素生产率的测算方法上，本节运用数据包络法（DEA-Malmquist）重新计算，并重新检验银行结构性竞争与县域经济高质量发展之间的关系。表8-8的第（3）、第（4）列中的结果显示，前文的基准结果是稳健的。

（3）更换估计方法。前文仅仅使用双向固定效应方法进行基准回归，其中标准误经县域层面的聚类调整。考虑到县域经济发展质量可能会受到过去发展质量的影响，本节尝试在计量模型中添加经济发展质量的滞后项，使原本的计量模型变成了一个动态模型。因此，本节将换用系统广义矩估计方法（SYS-GMM），重新检验银行结构性竞争与县域经济高质量发展之间的关系，估计结果见表8-9的第（1）、第（2）列。我们发现，在SYS-GMM方法估计下，银行结构性竞争的估计系数仍然显著为正，说明县域银行结构性竞争有利于推动经济高质量发展的结论依然成立，再一次验证了基准回归结果的可靠性。

表8-8　稳健性检验：替换解释变量与被解释变量

变量	全要素生产率（地级市层面）		全要素生产率（DEA-Malmquist）	
	(1)	(2)	(3)	(4)
Bankcomp_HHI	0.018**		0.041*	
	(2.26)		(1.88)	
Bankcomp_CR3		0.034***		0.056***
		(3.17)		(4.49)
FD	−0.002	0.002	0.001	−0.002
	(−0.36)	(1.02)	(1.01)	(−0.82)
RGDP	0.003**	0.006**	0.001**	0.001**
	(2.33)	(2.45)	(2.19)	(2.30)
INDUS	0.035***	0.028***	0.026***	0.024***
	(3.41)	(2.85)	(4.33)	(2.90)
FIN	−0.006**	−0.006*	−0.007**	−0.006*
	(−2.19)	(−1.86)	(−2.23)	(1.84)
HUM	−0.001	0.001	−0.001	−0.000
	(−0.32)	(0.81)	(−0.90)	(−0.21)
地区固定效应	是	是	是	是
时间固定效应	是	是	是	是
Adj R-squared	0.386	0.330	0.548	0.527
N	21516	21516	21516	21516

注：同表8-6。

（4）样本重新选择。在中国的特定体制背景下，省会城市往往是省域金融体系的中心，拥有省域大部分的金融资源，包括商业银行、证券以及保险资产。省会城市直接管辖的县级行政区会受到这种金融中心的辐射作用，而其他县由于信贷本地市场特征的影响，受到金融中心辐射的作用会远远小于省会城市直接管辖的县，更多的是受到县域内银行结构性竞争的影响。因此，本节将省会城市管辖的县级行政区剔除后，重新检验银行结构性竞争与县域经济高质量发展之间的关系，估计结果见表8-9的第（3）、第（4）列。可以看出，通过样本重新选择的实证检验并未改变前文的结论。

表 8-9　稳健性检验：SYS-GMM 估计方法与样本重新选择

变量	系统广义矩估计（SYS-GMM）		样本重新选择	
	（1）	（2）	（3）	（4）
L. TFP	0.815 ***	0.870 ***		
	（7.15）	（8.46）		
Bankcomp_HHI	0.004 **		0.007 **	
	（2.06）		（2.46）	
Bankcomp_CR3		0.020 ***		0.035 ***
		（5.83）		（6.10）
FD	−0.001	−0.002	−0.001	0.001
	（−0.48）	（−1.12）	（−0.85）	（0.35）
RGDP	0.008 **	0.006 **	0.007 **	0.007 **
	（1.99）	（2.19）	（2.39）	（2.50）
INDUS	0.041 ***	0.031 ***	0.053 ***	0.046 ***
	（4.78）	（3.95）	（3.19）	（3.53）
FIN	−0.007 **	−0.008 ***	−0.006 **	−0.006 **
	（−2.34）	（−2.79）	（−2.27）	（−2.44）
HUM	−0.016	−0.031	−0.019	0.018
	（−0.89）	（−1.04）	（−0.47）	（0.94）
地区固定效应	是	是	是	是
时间固定效应	是	是	是	是
Sargan test	0.913	0.868		
AR（1）	0.261	0.325		
AR（2）	0.586	0.607		

续表

变量	系统广义矩估计（SYS-GMM）		样本重新选择	
	（1）	（2）	（3）	（4）
Adj R-squared			0.623	0.655
N	19723	19723	20280	20280

注：同表 8-6。

8.2.4　内生性与工具变量

为了检验银行结构性竞争对县域经济高质量发展的影响，本节设定的计量模型可能存在两个方面的内生性问题。一方面，本节的模型可能忽略了一些难以衡量的重要因素，遗漏变量是导致内生性的重要原因之一。另一方面，银行结构性竞争与县域经济高质量发展之间可能存在逆向因果关系，即县域经济高质量发展会反过来影响银行结构性竞争程度，从而导致内生性问题。经济发展质量较高的地区往往也是相对发达的地区，中央政府实施中小银行异地市场进入管制放松政策后，中小银行更愿意在这些相对发达的地区设置分支机构，进而引起地区银行结构性竞争程度的加剧。但是，在中国金融监管体制下，中资商业银行分支机构的筹建需由总行向当地银监局提交申请，由银监局审查并批准筹建。申请获批后，筹建期通常在半年左右，而且，筹建完成后的正式开业同样需由当地的银监局批准。此外，商业银行在筹建分支机构的过程中，需要较长时间准备营业场所以及招聘员工。商业银行从计划设立分支机构到正式开业的整个过程通常无法在一年内完成（刘畅等，2017）。因此，当年的银行结构性竞争本身就具有一定的外生性，能够部分缓解因逆向因果关系导致的内生性问题。

为了进一步解决内生性问题，本节参考 Chong 等（2013）与张杰等（2017）的做法，选取县所在省份内 GDP 规模最为接近的三个其他县的银行结构性竞争的加权平均值作为相应的工具变量。一方面，同一省份内经济发展水平接近的地区，往往也是同一类型银行甚至不同类型银行筹建分支机构决策动机相似的地区（张杰等，2017），并且政府管制在同一省份内经济发展水平接近的地区具有相似性。因此，选取的工具变量必然与本县的银行结构性竞争程度具有高度相关性。另一方面，由于中国信贷市场具有明显的地域分割的特征，县域银行机构的信贷资源难以直接流向其他县域，因而，其他县域的银行结构性竞争并不会直接影响本县的经济发展质量。除了上述的工具变量外，本节还选择县所在省份内与该县相邻的其他县的银行结构性竞争的加权平均值作为另一种工具变量，原因在于，在区域维度的工具变量选择中，采用邻近区域的均值是一个较为通用且可行的做法。工具变量法的估计结果见表 8-10，根据识别不足检验与弱工具变量检验的估计结果，本节选择的工具变量存在较强的相关性，而且不存在弱工具变量问题，用该方法控制了内生性问题后，所得的实证结果与前文无异，本节的结论是稳健的。

表 8-10　工具变量法的估计结果

变量	GDP 接近县加权平均值作为工具变量		邻近县加权平均值作为工具变量	
	（1）	（2）	（3）	（4）
$Bankcomp\_HHI$	0.044 ***		0.022 ***	
	（5.43）		（3.29）	
$Bankcomp\_CR3$		0.090 ***		0.065 ***
		（9.17）		（5.36）
FD	−0.000	−0.001	0.000	−0.001
	（−0.86）	（−0.72）	（0.66）	（−0.35）
$RGDP$	0.007 **	0.006 **	0.007 **	0.007 **
	（2.19）	（2.48）	（2.08）	（2.32）
$INDUS$	0.044 ***	0.026 ***	0.021 ***	0.030 ***
	（3.91）	（3.35）	（2.77）	（3.38）
FIN	−0.006 **	−0.008 **	−0.005 **	−0.005 **
	（−2.47）	（−2.13）	（−2.01）	（−2.24）
HUM	0.008	−0.001	0.006	0.004
	（0.36）	（−0.29）	（0.65）	（0.41）
地区固定效应	是	是	是	是
时间固定效应	是	是	是	是
识别不足检验	357.485	149.272	314.968	89.236
	（0.000）	（0.000）	（0.000）	（0.000）
弱工具变量检验（RKF 检验）	594.07	158.392	274.739	105.364
	（16.38）	（16.38）	（16.38）	（16.38）
Centered R^2	0.644	0.520	0.617	0.484
N	21516	21516	21516	21516

注：同表 8-6。

8.3　进一步讨论：内在机制与区域差异

基于理论分析与实证检验可知，银行结构性竞争推动了县域经济高质量发展。本节需要进一步讨论银行结构性竞争推动经济高质量发展的内在机制。另外也需要思考，在具有不同特征的县域中，银行结构性竞争的影响是否相同？为了阐述清楚银行结构性结构的具体作用，本节将进一步从内在机制以及异质性作用两个方面展开讨论。

8.3.1　内在机制

前文的理论分析从县域内、产业间以及产业内微观企业间三个层面展开，认为资本深化、产业结构升级以及提升资源配置效率是银行结构性竞争推动县域经济高质量发展的三个传导途径。因此，本节将实证检验这三个方面是否为银行结构性竞争促进县域经济高质量发展的内在机制。本节构造了如下的中介模型：

$$TFP_{it} = \alpha_0 + \alpha_1 Bankcomp_{it} + \beta_j \sum_{j=1}^{n} Control_{jit} + \mu_i + \delta_t + \varepsilon_{it} \qquad (8-2)$$

$$X_{it} = \alpha_0 + \alpha_2 Bankcomp_{it} + \beta_j \sum_{j=1}^{n} Control_{jit} + \mu_i + \delta_t + \varepsilon_{it} \qquad (8-3)$$

$$TFP_{it} = \alpha_0 + \alpha_1 Bankcomp_{it} + \alpha_3 X_{it} + \beta_j \sum_{j=1}^{n} Control_{jit} + \mu_i + \delta_t + \varepsilon_{it}$$

$$(8-4)$$

其中，X_{it} 为中介变量，分别为资本深化、产业结构升级以及资源配置效率，其余变量与前文公式（8-1）中的变量保持一致。关于中介变量的指标选择说明如下：

（1）资本深化。银行结构性竞争的提升，有利于降低整体经济的交易成本，从而加速了资本深化的过程。这种市场诱发的资本深化，使整体经济采用了更多技术的资本，带来了相适宜的偏向性技术进步，从而有利于经济高质量发展。因此，本节参考罗楚亮和倪青山（2015）的做法，采用人均资本表征县域的资本深化程度，并且进行对数化处理。

（2）产业结构升级。技术复杂度高的产业是处于技术前沿的产业，其创新与研发投入较高，拥有更多的研发型企业。银行结构性竞争的加剧，能够满足研发型企业的融资需求，即融资金额大、周期长、风险高以及信息不透明，从而有利于引导资本流入高技术高复杂度的产业之中，引起了产业间资源配置的优化调整，推动了产业结构升级，进而促进经济高质量发展。本节将产业结构升级定义为制造业中高技术产业的规模扩张以及产业结构趋向高端化。因此，采用高技术产业的总产值占制造业总产值的比重来表示。其中，高技术产业所涵盖的具体四位码产业分类来源于中国国家统计局颁布的《高技术产业（制造业）分类（2013）》。[①]

本节利用 2005—2013 年（2010 年除外）中国工业企业数据库的数据，首先，需要按照大量学者采用的一般性方法对数据库进行处理：（1）根据企业代码、名称、法人代表、地址、邮编、行业代码、主要产品、区县、开业年份对企业样本进行匹配；（2）删除缺少主要变量、主要变量为负值的样本，删除不符合一般公认会计准则的样本；（3）对行业代码进行匹配，本节需要将 2011 年的国民经济行业分类标准匹配到 2002 年的，其中 2011 年的行业分类标准中的 20 个行业小类和 11 个行业中类需做跨行业大类调整。其次，将企业的工业总产值加总到县—行业层面，从而计算出高技术产业的产值占比，即为产业结构升级指标。

（3）资源配置效率的提升效应。银行结构性竞争的加剧有利于引导信贷资源流向民营企业和高效率企业，从而提升了资源配置效率。资源从低效率的企业流向高效率的企业，整体的全要素生产率水平将会得到明显提升，进而推动了经济高质量发展。本节参照余泳泽等（2019）的方法，用要素份额加权计算的生产率作为资源配置效率的衡量指标，具体如下：

$$Allo_i = \sum_j \alpha_{ij} Allo_{ij} \qquad (8-5)$$

$$Allo_{ij} = \sum_i (\theta_{ijk} - \theta_{ij})(\omega_{ijk} - \omega_{ij}) \qquad (8-6)$$

其中，$Allo_i$ 为县域的资源配置效率，α_{ij} 为县域 i 行业 j 从业人数占全部从业人数的比重，ω_{ijk} 为企业 k 的生产率，θ_{ijk} 为企业 k 所占的劳动力份额，ω_{ij} 为各个企业的简单平均生产率，θ_{ij} 为各个企业的简单平均劳动力份额，行业是按照二位码行业大类进行划分的。本节运用 LP 法计算企业的生产率，对于中国工业企业数据库中缺失指标的处理，例如工业总产值、工业增加值以及中间产品投入，本节参考李卫兵和张凯霞（2019）的做法进行估算补齐。

表 8-11 的结果显示，资本深化与资源配置效率的系数在 1% 水平下通

---

① 高技术产业包括医药制造业，航空、航天器及设备制造业，电子及通信设备制造业，计算机及办公设备制造业，医疗仪器设备及仪器仪表制造业，信息化学品制造业 6 个大类 42 个小类。

过了显著性检验，产业结构升级的系数在 5% 的水平下显著，且三个中介变量的系数均为正，表明银行结构性竞争的加剧确实能够引致资本深化、推动产业结构升级以及改善资源配置效率。另外，资本深化、产业结构升级以及资源配置效率对县域经济高质量发展影响的估计系数均在 1% 水平下显著为正。最终通过中介机制检验，我们发现资本深化、产业结构升级以及资源配置效率确实是银行结构性竞争促进县域经济高质量发展的内在机制，即银行结构性竞争的加剧可以引致资本深化、促进产业结构升级以及改善资源配置效率，进而有利于县域经济高质量发展。

表 8-11 银行结构性竞争对县域经济高质量发展的中介机制检验

变量	Deepen	TFP	Upgrade	TFP	Allo	TFP
Bankcomp_HHI	0.325 ***	0.003 *	0.0536 **	0.006 *	0.106 ***	0.005 **
	(5.03)	(1.83)	(2.36)	(1.88)	(3.58)	(2.04)
Deepen		0.024 ***				
		(7.72)				
Upgrade				0.050 ***		
				(5.13)		
Allo						0.431 ***
						(3.34)
控制变量	是	是	是	是	是	是
地区固定效应	是	是	是	是	是	是
时间固定效应	是	是	是	是	是	是
Adj R-squared	0.634	0.698	0.419	0.530	0.359	0.602
N	21516	21516	15627	15627	15627	15627

注：*、**、*** 分别代表在 10%、5%、1% 的水平下通过了显著性检验，括号内为 t 统计量。所有回归结果的标准误差经县域层面聚类调整。由于篇幅原因，简化该表控制变量，所有控制变量同表 8-6。

8.3.2 拓展性研究

各个县级行政区的银行市场结构并不相同，相较于国有银行分支机构数量增加引致的结构性竞争加剧，农信社与村镇银行分支机构增多引致的银行结构性竞争加剧对县域高质量发展是否存在差异性影响？相较于国有银行而言，在县域内的农信社与村镇银行大多属于地方性银行，其在地理位置上更加接近中小客户，有利于挖掘中小客户的各类软信息（陶峰等，2017）。农信社与村镇银行在为中小客户提供信贷与经营监督方面具有天然的优势。因此，本节将检验农信社与村镇银行机构占比对银行结构性竞争影响县域高质量发展的调节作用。

本节将构建一个调节变量 JCBC，当某一年度某县的银行机构中，如果农信社与村镇银行机构占全部银行分支机构的比重大于同一年度全国各县中农信社与村镇银行机构占其全部银行分支机构比重的中位数，则本节将该县该年的 JCBC 取值为 1，否则为 0。在公式（8-1）的基础上，本书添加交互项 Bankcomp_HHI×JCBC，用以检验调节作用，具体估计结果见表 8-12。表 8-12 的估计结果显示，Bankcomp_HHI 与 Bankcomp_HHI×JCBC 的系数均显著为正，这表明，当农信社与村镇银行占比较高时，银行结构性竞争更能推动县域高质量发展。当银行管制放松后，农信社与村镇银行机构数量的增多，有利于信贷资源的本地投放，引致资本深化、促进产业结构升级以及改善资源配置效率，进而推动县域高质量发展。

表 8-12　银行结构性竞争、农信社与村镇银行占比与县域高质量发展

变量	（1）	（2）
Bankcomp_HHI	0.0238**	0.0148**
	（2.35）	（2.13）
Bankcomp_HHI×JCBC	0.0136***	0.0205***
	（3.52）	（2.87）
JCBC	0.0117	0.0089*
	（0.48）	（1.85）
控制变量	否	是
地区固定效应	是	是
时间固定效应	是	是
Adj R-squared	0.6754	0.7332
N	23309	23309

注：同表 8-11。

8.3.3　异质性分析

由于各个县级行政区在地理区位、地理环境、行政地位以及财政因素等方面均存在较大差异，那么，银行结构性竞争对县域经济高质量发展的

作用是否存在异质性呢？本节将从县域异质性特征的角度进行探讨，有助于进一步理解银行结构性竞争的作用。因此，本节将分别从地理区位、地理环境、行政地位以及财政因素四个方面，对不同县域进行分组，考察银行结构性竞争作用的异质性。

（1）地理区位。由于东部、中部、西部地区经济处于不同的发展阶段，县域经济发展的目标以及约束条件不尽相同。为此，银行结构性竞争对县域经济高质量发展的影响可能存在较大差异。因此，本节将所有县域样本划分为东部、中部、西部地区，分别进行考察。东部、中部、西部地区的估计结果见表8-13，发现东部、中部地区的银行结构性竞争促进了县域经济高质量发展，而在西部地区的样本中，其作用并不显著。原因可能在于，东部、中部地区的市场化程度、法律制度完善程度普遍高于西部地区，在市场化程度较低的地区，大部分经济资源的配置权，包括银行信贷资源，均被政府控制，阻碍了市场竞争机制，不利于发挥银行结构性竞争的促进作用。另外，中部地区相比东部地区而言，其银行结构性竞争的促进作用更加显著，原因可能在于，东部地区无论是经济发展质量，还是资金充裕程度，都要明显高于中部地区，尽管银行结构性竞争对县域经济高质量发展能够产生一定的推动作用，但可能不是最重要的推动力。

表8-13　银行结构性竞争对县域经济高质量发展影响的异质性：区分地理区位和地理环境

变量	东部	中部	西部	邻近县	偏远县
Bankcomp_HHI	0.013 ** (2.00)	0.021 *** (3.07)	0.009 (1.54)	0.028 *** (2.84)	0.007 * (1.78)
控制变量	是	是	是	是	是
地区固定效应	是	是	是	是	是
时间固定效应	是	是	是	是	是
Adj R-squared	0.724	0.759	0.609	0.533	0.574
N	5556	6948	9012	10758	10758

注：同表8-11。

（2）地理环境。"市领导县"是中国的基本行政机构体制，初衷是发挥中心城市对县域的带动作用。地级市市辖区作为地级市的中心，同样也是该地区的经济中心，对下辖县级行政区能够产生溢出作用与虹吸作用，这两种相反的作用会随着地理距离的增加而衰减。与地级市市辖区的距离越近，受到中心的这两种作用越大，那么银行结构性竞争的作用会出现何种变化，需要进行进一步考察。本节将根据县级市与地级市市辖区的距离作为依据，将所有县域样本划分为"偏远县"与"邻近县"。其中市县的距离是根据经纬度计算得到的球面距离，各市县的经纬度数据来源于 CNRDS（中国研究数据服务平台）数据库。表 8-13 的结果显示，与地级市距离较近的县域，银行结构性竞争对经济发展质量的促进作用较大，而且显著性更强，而距离较远的县域，银行结构性竞争的作用较小，显著性较弱。可能原因在于，与地级市的距离越近，县域经济受到地级市的溢出作用越强，能够吸引生产要素等经济资源流入，从而更好发挥出银行结构性竞争对经济高质量发展的促进作用。

（3）行政地位。中国县级行政区主要包括市辖区、县和县级市三种类型。不同类型的县级行政区在初始禀赋与资源获取能力上存在较大的差距。市辖区隶属于地级市，并由地级市直接管辖，能够与地级市的行政体系相互联动，享受地级市的辐射作用。县与县级市具有相对独立的自主权，但二者之间存在一些差异，虽然县与县级市同为县级行政单位，但是县级市在人员与资金配置方面均是按照市的规则进行安排，在城市管理与建设层面更容易实现自主权，在土地出让与招商引资方面更具有优势。考虑到这么多差异，本节将全部县域样本划分为县级市与县，进行分别考察，估计结果见表 8-14。发现在县级市的样本内，银行结构性竞争对县域经济高质量发展的影响显著为正，而在县的样本内，这种影响不显著。其主要原因可能在于，县的经济基础较差，其产业薄弱、企业数量较少，银行结构性竞争加剧未能引起资本深化、产业结构升级以及资源配置效率提升，从而无法对经济发展质量产生任何影响。

表 8-14　银行结构性竞争对县域经济高质量发展影响的异质性：区分行政地位和财政因素

变量	县级市	县	贫困县	非贫困县
Bankcomp_HHI	0.068 ***	0.000	0.005	0.011 **
	(3.58)	(0.02)	(1.50)	(2.45)
控制变量	是	是	是	是
地区固定效应	是	是	是	是
时间固定效应	是	是	是	是
Adj R-squared	0.496	0.718	0.813	0.583
N	4644	16872	6864	14652

注：同表 8-11。

（4）财政因素。在发展性政府的制度框架下，财政是地方政府推动县域经济发展的重要手段。设立贫困县作为国家扶贫开发政策中的重要措施，对县域经济发展有着重要影响。贫困县主要集聚在中西部地区，以革命老区、山区县、民族县以及边疆县为主，地理自然条件较差、经济发展水平较低，贫困县每年可以从中央或者省级政府获取数量可观的财政专项扶贫资金，同时在经济开发、贴息贷款以及税收方面均有优惠政策。由于贫困县与非贫困县在获得财政转移方面存在巨大的差异性，需要考察银行结构性竞争是否具有差异化的影响。本节将全部县域划分为贫困县与非贫困县，其中贫困县为 572 个，非贫困县为 1221 个。结果发现，在贫困县的样本中，银行结构性竞争对经济高质量发展没有任何影响，而非贫困县中，银行结构性竞争能够推动经济高质量发展。原因可能在于，一方面，贫困县在经济发展方面的财税优惠政策扭曲了资本价格，加剧了不正当竞争、寻租以及合谋等恶性竞争，从而弱化了银行竞争体系的激励效应，同时增加了银行的信贷风险。另一方面，贫困县的经济活跃程度较低，金融基础设施相对较差，导致银行结构性竞争的作用无法得到有效的发挥。

8.4　研究结论

当前，我国经济已由高速增长阶段转向高质量发展阶段，研究如何通过金融供给侧结构性改革支持经济结构调整和转型升级，实现县域经济高质量发展，无疑具有重要的理论意义与现实意义。本章基于中国银监会公布的金融许可证数据构造了县域银行结构性竞争指标，并结合 2004—2016 年中国 1793 个县域数据，考察了银行结构性竞争对经济发展质量的影响，并实证检验了其传导途径与异质性，回答了银行结构性竞争程度的增强如何影响县域经济发展质量，这种影响是通过何种渠道传导的，以及在银行结构性竞争程度相同的情况下，何种类型对县域经济发展质量的影响更大，最后探讨了县域银行结构性竞争对经济发展质量的作用是否存在区域异质性。本章得到的主要结论有：

第一，本章采用超越对数生产函数的随机前沿法测算县域的全要素生产率。发现从整体宏观层面而言，县域的全要素生产率处于逐年降低的趋势。从区域层面来看，将全部县域按照地理区位、是否贫困县与行政地位进行划分，发现不同类型县域全要素生产率的变动趋势与整体层面是一致的，但是却存在较大的区域差异性。东部地区县域、非贫困县与县级市的全要素生产率绝对水平远高于中西部地区、贫困县与县的。同时进一步根据超越对数生产函数的分解方法，将全要素生产率分解为规模效率、技术进步与技术效率，发现县域的技术进步是阻碍全要素生产率提升的主要因素。不同类型县域的规模效率、技术进步与技术效率的变动趋势与整体层面是一致的，但是同样存在较大的区域差异性。

第二，银行结构性竞争的加剧有利于推动县域经济高质量发展，这种促进作用更多的是体现在规模效率与技术进步上，这个结果在通过一系列稳健性检验，包括替换核心解释变量、更换被解释变量的衡量方式、更换估计方法与样本重新选择等方法，并且在考虑内生性问题的情况下运用工具变量法，本章的研究结论依旧成立。从进一步的内在机制检验结果来看，银行结构性竞争是通过引致资本深化、促进产业结构升级以及提升资源配置效率三个途径推动县域经济的高质量发展。拓展性研究发现，农信社与村镇银行机构数量占比对银行结构性竞争影响县域经济发展质量存在调节作用，当农信社与村镇银行占比较高时，银行结构性竞争更加有利于县域经济高质量发展。最后的异质性研究表明，在东中部地区、县级市以及非贫困县的样本中，银行结构性竞争能够有效推动经济高质量发展。在东中部地区以及偏远、邻近县的样本中，均存在促进作用，但是也有所差别，银行结构性竞争的促进作用在中部地区以及邻近的县中表现更为突出。

第9章　主要结论与政策建议

9.1　主要结论

县域作为我国行政区划体系中连接城乡发展的基层单位，其经济已经得到长足的发展，县域的名义 GDP 增速较为明显。但是县域经济在发展过程中同样存在诸多问题，例如，县域经济发展的不平衡不充分、产业结构不合理、城镇化发展滞后以及缺乏特色产业等。财政大量投入与金融投资是促进县域经济发展的重要手段，但是当前县域金融支持严重不足。在这一背景下，探索如何有效地推动县域银行体系的供给侧改革，更好地发挥出银行结构性竞争在微观与宏观层面的作用，实现银行体系与县域经济的良性协调发展，是摆在中国面前急需解决的重要现实问题。为了探求银行结构性竞争对县域经济发展的影响效应、作用机制与经验证据，本书首先梳理了银行结构性竞争与县域经济发展等的相关理论与研究文献，在此基础上较为系统地剖析与阐述了银行结构性竞争影响县域经济的理论机理，并且结合新中国成立以来中国银行业结构的变迁历程以及当前县域银行业结构与竞争程度的现实情况，从县域资金流动、产业发展、经济数量增长与发展质量提升四个方面，较为全面地考察银行结构性竞争对县域经济发展的影响效应，进一步从微观与宏观层面研究银行结构性竞争影响县域经济发展的渠道与作用机制，最后探讨影响效应存在的异质性。主要结论包括以下几个方面：

第一，通过对县域银行业结构进行分析，发展县域的银行结构性竞争程度处于逐渐增强的趋势，并且县域之间的差异性较为明显。首先从县域银行业结构的变迁历程来看，县域银行业结构主要经历了几个阶段，主要包括：一是从银行的分支机构、资产总额与信贷余额三个方面衡量当前中国整体银行业结构，发现中国银行体系处于主体地位的是国有大型银行与股份制商业银行，城市商业银行、农村商业银行以及新型农村金融机构通过快速发展已经拥有一定市场份额与话语权，已然形成多元化、高度竞争的银行体系。二是利用中国银保监会网站上披露的包含所有银行营业网点的金融许可证信息，匹配到中国县级行政区划层面，并且利用结构法中的 HHI 指数与 CR3 指数衡量县域银行结构性竞争程度。发现县域的银行营业网点数量增长迅速，其银行体系是以农村信用社为绝对主导地位，国有大型银行与邮政储蓄银行为主体，新型农村金融机构与城市商业银行通过快速发展已经拥有一定市场份额与地位，县域银行结构性竞争程度逐年增强，竞争结构已然初步形成。但是县域之间的银行营业网点数量、市场结构竞争程度存在明显的地区差异性。在东部地区、非贫困县与县级市样本中，银行体系的第二大银行机构为国有大型银行，银行营业网点数量更多、竞争程度更为激烈；而在中西部地区、贫困县与县的样本中，银行体系的第二大银行机构为邮政储蓄银行，县域的营业网点数量较少、竞争程度较低。

第二，银行结构性竞争能够有效抑制县域资金外流，不同类型银行的作用存在差异性。从县域资金外流程度来看，一是发现整体上县域人均资金净流出量呈现不断波动的趋势，县域资金的相对流出与流入状态交替出现。二是县域资金流动存在区域异质性，按照地理区位与贫困县划分将所有县域划分为东部、中部与西部地区以及非贫困县与贫困县，发现贫困县与中西部地区县域的资金外流问题更为严重。从实证研究的结果来看，银行结构性竞争程度的提升能够抑制县域资金外流，有利于资金的本地投放，同时通过一系列稳健性检验结论依旧成立。进一步影响机制检验，发现县域内不同类型银行对资金外流存在着差异性作用，其中根植于县域本地的农村信用社和村镇银行两类银行机构能够显著地抑制资金外流，国有五大商业银行会促进县域资金外流，继续充当县域资金的"抽水机"角色，而邮政储蓄银行对县域资金外流并未产生显著性影响。通过不同类型县域的样本划分检验银行结构性竞争的地区异质性，发现相较于贫困县与县而言，当县级行政区为县级市以及非贫困县时，银行结构性竞争对县域资金外流的抑制作用更强，更加有利于信贷资金的本地投放。

第三，银行结构性竞争能够促进县域产业发展，这种作用主要通过推动民营企业与中小企业的成长实现。从县域产业发展水平来看，一是发现整体上县域产业发展水平处于逐年上升的趋势，但是在 2012 年以后，这种上升速度开始趋缓。二是按照地理区位、是否贫困县与行政地位将县域进行划分，发现虽然不同类型县域产业发展的变动趋势与整体层面是一致的，但是产业发展水平却存在较大的区域差异性。虽然东部地区县域、非贫困县与县级市的产业发展绝对水平是较高的，但是产业发展的相对速度却是较低的，不同类型县域的产业发展水平呈现相对收敛的趋势。从实证研究结果来看，银行结构性竞争的加剧有利于推动县域产业发展，这个结果在通过一系列稳健性检验的研究后，结论依旧成立。进一步的影响机制检验发现，银行结构性竞争程度的增强是通过降低企业的交易成本以及提升其信贷可获得性，主要作用于民营企业以及中小企业，进而推动企业成长与县域产业发展。拓展性研究发现，当农信社与村镇银行机构数量占比较高时，银行结构性竞争更加有利于产业发展。最后的异质性研究表明，在具有不同特征的县域样本中，银行结构性竞争对产业发展的影响存在异质性。在中西部地区、县级市以及非贫困县的样本中，银行结构性竞争均存在促进作用，而在其余样本中，银行结构性竞争的作用不显著。

第四，银行结构性竞争能够促进县域经济数量增长，主要是通过提高县域资本存量与全要素生产率实现的。本书利用县域实际生产总值与实际人均生产总值衡量县域经济增长。从县域经济增长情况来看，一是发现整体上县域实际生产总值与实际人均生产总值处于逐年增长的趋势；二是按照不同类型将全部县域进行划分，发现不同类型县域生产总值与实际人均生产总值的变动趋势与整体层面是一致的，但是却存在较大的区域差异性。东部地区县域、非贫困县与县级市的生产总值与实际人均生产总值的绝对水平较高，但是它们的平均增长率较低，地区之间的实际生产总值与实际人均生产总值呈现收敛趋势。从实证研究结果来看，银行结构性竞争的加剧有利于推动县域经济增长，这个结果在通过一系列稳健性检验的研究后，结论依旧成立。进一步根据影响途径来看，银行结构性竞争主要通过促进工业发展推动县域经济增长，而对于农业与服务业没有产生显著性的作用；从影响的内在机制来看，银行结构性竞争能够提高县域的资本存量以及提升全要素生产率，进而推动县域经济增长。拓展性研究发现，当农信社与村镇银行机构数量占比较高时，银行结构性竞争更加有利于县域经济增长。最后的异质性研究表明，在具有不同特征的县域样本中，银行结构性竞争对经济增长的影响存在异质性。在中部地区以及非贫困县的样本中，银行结构性竞争对县域经济增长均存在促进作用；而在东部地区、西部地区以及贫困县的样本中，银行结构性竞争的作用不显著。县级市以及邻近县的银行结构性竞争对经济增长的促进作用明显强于县以及偏远县。

第五，银行结构性竞争能够提升县域经济发展质量，主要是通过引致资本深化、促进产业结构升级以及提升资源配置效率实现的。本书采用超越对数生产函数随机前沿法测算的县域全要素生产率衡量县域经济发展质量。从县域全要素生产率来看，一是发现整体上县域的全要素生产率处于逐年降低的趋势；二是按照不同类型将全部县域进行划分，发现不同类型县域全要素生产率的变动趋势与整体层面是一致的，但是却存在较大的区域差异性，东部地区县域、非贫困县与县级市的全要素生产率绝对水平远高于中西部地区、贫困县与县的；三是根据超越对数生产函数的分解方法，将全要素生产率分解为规模效率、技术进步与技术效率，发现县域的技术进步是阻碍全要素生产率提升的主要因素。不同类型县域的规模效率、技术进步与技术效率的变动趋势与整体层面是一致的，但是同样存在较大的区域差异性。从实证研究结果来看，银行结构性竞争的加剧有利于推动县域经济高质量发展，这种促进作用更多的是体现在规模效率与技术进步上，这个结果在通过一系列稳健性检验的研究后，结论依旧成立。进一步从内在机制检验结果来看，银行结构性竞争通过引致资本深化、促进产业结构升级以及提升资源配置效率三个途径推动县域经济的高质量发展。拓展性研究发现，当农信社与村镇银行机构数量占比较高时，银行结构性竞争更加有利于县域经济高质量发展。最后的异质性研究表明，在东中部地区、县级市以及非贫困县的样本中，银行结构性竞争能够有效推动经济高质量发展。

9.2　政策建议

以上针对银行结构性竞争与县域经济发展之间的关系予以全面的考察，县域银行结构性竞争对县域经济的作用的分析，除了解释现实中存在的问题，更为重要的是为中央与地方政府促进县域经济发展提供政策的依据。因此，将本书研究结果付诸实践，实现其实践价值，也是体现本书研究的现实意义所在。

9.2.1　推动县域银行竞争结构的优化

研究表明，县域银行结构性竞争程度的增强有利于促进县域经济发展，但是这种促进作用存在县域的异质性。中央政府应该不断推动县域竞争结构的优化。一方面，从县域整体层面上，应该放松县域银行业进入限制，促进县域银行业的竞争；另一方面，从县域异质性来看，应该实现县域银行业的差异化发展。

（1）促进县域银行业的竞争

通过前文对银行业市场结构与竞争程度的分析可知，虽然无论是国家层面还是县域层面，银行结构性竞争程度都在逐年上升，但是银行体系仍然是以少数银行为主体的市场结构，竞争程度处于偏低水平。政府应该从金融供给侧结构性改革入手，通过构建竞争性的县域银行体系，实现金融真正服务于实体经济的目的。一方面，进一步放松县域股份制商业银行的市场准入限制，鼓励与引导股份制商业银行在县域开设分支机构，促使县域内银行机构充分参与市场竞争；另一方面，地方政府应该鼓励和扶持当地的中小银行，吸引更多潜在的社会资金组建村镇银行等新型农村金融机构，为县域的"三农"问题与中小企业成长等提供金融支持，同时对已经申请筹建的新型农村金融机构与民营银行，给予一定的优惠政策。

（2）实现县域银行业的差异化发展

根据前文对县域的银行营业网点数量、市场结构的分析，县域银行结构性竞争程度存在明显的地区差异性。在东部地区、非贫困县与县级市的样本中，银行机构的营业网点数量更多、分布更为分散，其竞争程度更为激烈；而在中西部地区、贫困县与县等欠发达的样本中，县域银行机构的营业网点数量较少、分布较为集中，其竞争程度较低。政府要重视在不同类型县域中银行业分布非均衡的问题，应该在不同类型的县域实施差异化的银行改革政策，对于银行业较为发达与完善的县域，政府应维持并引导银行体系的进一步开放与有序竞争。对于银行业发展较为落后与欠发达的县域，地方政府应鼓励与引导股份制商业银行与城市商业银行在当地开设分支机构，并促进县域银行机构的发展，特别是农村商业银行与新型农村金融机构，通过建立与本地经济相匹配的银行体系，促进本地的经济发展。

9.2.2　构建充分发挥银行竞争效应的制度环境

长期以来，县域中各类银行在较大程度上受到政府行政干预，不利于发挥银行竞争效应。地方政府应当充分发挥市场在资源配置中的决定性作用，构建一个良好的有利于发挥银行竞争效应的制度环境，利用县域银行之间的竞争机制，不断提升金融服务实体经济的效率。

（1）完善治理结构

国有大型银行长期承担了国家大量的政策性任务，尽管通过引入战略投资与进行产权改革，提高了银行治理水平，但是国有股权的绝对控制使其不得不受到行政干预。虽然股份制商业银行、城市商业银行以及农村商业银行等银行机构的股权并非是国有股权独大，但是依旧与政府存在着千丝万缕的关系。国有股权的控制会使银行在信贷决策时存在着规模偏好与所有制偏好，促使金融资源更多地流向国有企业、大型企业，而非民营企业与中小企业。因此，政府应该继续推进银行机构的产权结构改革，通过引进境外战略投资者与民营资本等，降低国有股权在银行机构股权中的比例，从而促使银行股权结构的分散化。例如，银行机构能够推行职工持股，将职工利益与银行发展紧密联系在一起，从而形成国有法人、机构投资者及个体法人多元化的股权结构。股权结构的分散化有利于权力制衡与监督管理，保持银行机构经营行为的相对独立性，进而提高银行机构的治理水平。

（2）完善市场机制

中国的金融体系是以银行为主导，银行业在中国的经济发展中起到了举足轻重的作用。但是长期以来，不仅政策性银行承担了国家政策性任务，而且商业银行往往也要承担保障民生与维持稳定等政策性任务。因此，商业银行会受到行政力量的干预。在政府行政力量的干预下，商业银行的信贷决策往往具有所有制偏好，更多的偏向国有企业、地方重点引进的制造业企业等，而非是根据商业化原则选择的高效率企业、具有较高回报期望的企业等，大量的中小企业以及优质企业被排除在银行信贷目标之外。因此，各级政府应该充分发挥市场机制的作用，不断减少对商业银行的干预行为，提供一个良好的市场环境，充分发挥银行体系的竞争机制，不断提升银行体系的经营效率，进而更好地服务县域经济发展。

（3）完善信用体系

信用体系是市场经济运行的基础，是市场经济健康发展的保障。健全的社会信用体系有利于充分地发挥市场机制。信用体系的完善有利于降低银行与借贷方之间的信息不对称，降低交易成本，更加有助于发挥银行结构性竞争的作用机制，从而促进县域经济发展。第一，各类行政机构、司法机关、行业协会以及第三方监督机构要加快完善信用记录，需要及时、准确、完整地记录所有社会主体的信用信息，并且维护信用信息数据库，确保能够追溯所有社会主体的信用记录。第二，完善信息披露制度，建立针对不同信息主体、不同信息类型的信息共享机制，逐步建设和完善以组织机构代码和身份证号码等为基础的实名制信息共享平台，提高各类信息的透明度，降低银行体系与实体经济之间的信息不对称。第三，完善信用激励约束机制，地方政府一方面能够提升诚信社会主体的信誉以及进行物质嘉奖，另一方面对失信社会主体实施公开通报与谴责，严重者进行行政与法律惩戒，从而保证社会主体能够形成诚信意识与诚信为荣的价值观。

9.2.3　实现县域经济差异化的发展路径

政府应该充分认识到县域经济的各个方面存在诸多问题，例如县域资金外流严重、产业结构失衡、经济增长滞后、经济效率较低等，同时也要认识到这些问题在不同类型县域中的分布也存在非均衡特征，应该重视县域经济发展之间存在的差异化。在中西部地区、贫困县以及行政区划为县的样本中，县域存在资金外流严重、工业化滞后、经济发展质量较差与经济增长水平较低等问题；在东部地区、非贫困县与县级市的样本中，县域的资金相对净流入、工业化程度较高、经济发展质量较好与经济增长水平较高。因此，针对不同类型的县域，政府应该实行差异化的发展措施。

第一，地方政府加大对县域内中小企业与非国有企业的扶持力度。国有企业与大型企业由于存在政府隐性担保以及充足的硬信息，往往存在多元化的融资渠道。而中小企业作为县域经济的支柱力量，通常只存在软信息，融资往往较为困难。在促进县域经济发展达成目标上，地方政府必须在较大程度上给予中小企业支持，解决中小企业成长过程中的资金问题。

第二，地方政府在不同类型县域之间应该实施差异化的措施。例如，东部地区、非贫困县以及县级市等较发达县域，政府可以推动以创新为驱动力的产业结构升级，强化银行结构性竞争对创新的激励作用，重点促进资本、创新与产业的融合发展，更好地发挥出银行结构性竞争的微观与宏观作用，从而促进县域经济更好更快的发展。中部地区以及非贫困县等中等发达县域，政府应该坚持工业产业链的生产方式，积极承接发达地区的产业转移，并且结合县域自身的资源禀赋，积极培育与重点扶持县域内主导产业的形成，夯实经济发展的基础，进一步推进县域银行竞争体系的构建，发挥银行结构性竞争对县域经济发展的有利作用。西部地区以及贫困县等欠发达县域，脱贫攻坚是欠发达县域经济发展中的重点工作，中央政府应该加大脱贫攻坚的扶持力度，地方政府应该转变经济发展方式，结合县域的资源、生态以及文化等特色禀赋，发展符合自身的特色产业，并且做精做细，等到县域特色产业具有一定规模与品牌效应后，再逐步构建银行竞争体系，发挥银行结构性竞争对县域经济发展的有力作用。

9.3　研究不足与展望

本书从资金流动、工业发展、经济发展质量与经济增长水平四个角度探讨银行结构性竞争对县域经济发展的作用，从理论与实证两个方面较为系统地考察了银行结构性竞争对县域经济发展的作用机理与经验证据，为金融供给侧改革与县域经济发展提供了一些有益的研究结论与政策参考。但是从研究过程中来看，还是存在着一定的局限性与不足之处，进一步的研究能够从如下几方面进行开展：

第一，本书利用县域银行业分支机构的 HHI 指数与 CR3 指数衡量结构性竞争程度，虽然这种方式是相对准确与合理的，但是仍然存在一定的局限性。数据收集是实证研究的难点，受限于数据的可得性，缺乏各类银行在县域的资产、信贷数据，难以构建基于资产与信贷的竞争指标。另外，随着互联网金融的高速发展，数字经济与实体经济的不断融合，传统银行机构的商业经营行为也正在逐渐发生变化，银行业的竞争程度将更加激烈、更加复杂。同时希望在未来的时间里，能够找到一种更符合当前现实竞争程度的衡量方式。

第二，本书选取的时间为 2004—2016 年，金融供给侧改革中的一项重点工作，利率市场化改革还未结束，利率市场化改革对商业银行竞争体系的构建具有重大的意义。同时，互联网金融等新业态对银行体系造成了巨大的冲击。因此，在未来一段时期内，在金融自由化的背景下考察银行结构性竞争对县域经济发展的影响，需要将利率市场化改革以及互联网金融等新业态纳入研究框架之中，持续不断地研究银行结构性竞争的变迁与县域经济发展的相关关系，据此得到更为全面、更为系统的评价。

第三，县域经济发展的内容除了包含本书所阐述的产业发展、经济增长以及全要素生产率，还应该包含社会公平与生态文明的内容。受限于县域数据的可得性，县域经济中缺乏关于城乡收入差距、环境污染等方面的数据。随着信息披露机制的不断完善，地方政府对于基本数据的收集与统计工作越来越重视，数据也越来越规范，届时将会进一步拓展研究银行结构性竞争对县域社会公平与生态文明的影响效应，从而更加全面与系统地揭示银行结构性竞争对县域经济发展的影响。

参考文献

[1] 边文龙，沈艳，沈明高．银行业竞争度、政策激励与中小企业贷款——来自14省90县金融机构的证据 [J]．金融研究，2017，1：114-129.

[2] 蔡竞，董艳．银行业竞争与企业创新——来自中国工业企业的经验证据 [J]．金融研究，2016，11：96-111.

[3] 蔡卫星，曾诚．市场竞争、产权改革与商业银行贷款行为转变 [J]．金融研究，2012，2：73-87.

[4] 曹雷．新时期我国农村金融改革效果评估：基于总体的视角 [J]．农业经济问题，2016，1：61-67.

[5] 陈宝东，邓晓兰．财政分权、金融分权与地方政府债务增长 [J]．财政研究，2017，7：38-53.

[6] 陈才．东北地区县域经济发展研究 [M]．长春：东北师范大学出版社，2009.

[7] 陈梦根，张帅．中国地区经济发展不平衡及影响因素研究——基于夜间灯光数据 [J]．统计研究，2020，6：40-54.

[8] 崔向阳，袁露梦，钱书法．区域经济发展：全球价值链与国家价值链的不同效应 [J]．经济学家，2018，1：61-69.

[9] 戴静，杨筝，刘贯春，等．银行业竞争、创新资源配置和企业创新产出——基于中国工业企业的经验证据 [J]．金融研究，2020，2：51-70.

[10] 邓晓兰，刘若鸿，许晏君．经济分权、地方政府竞争与城市全要素生产率 [J]．财政研究，2019，4：23-41.

[11] 段鸿斌，杨光．股票市场与经济增长：基于中国的经验分析 [J]．中央财经大学学报，2009，12：31-36.

[12] 方芳，蔡卫星．银行业竞争与企业成长：来自工业企业的经验证据 [J]．管理世界，2016，7：63-75.

[13] 郭爱君，毛锦凰．新时代中国县域经济发展略论 [J]．兰州大学学报（社会科学版），2018，4：82-89.

[14] 韩立岩，蔡红艳．我国资本配置效率及其与金融市场关系评价研

究 [J]．管理世界，2002，1：65-70.

[15] 何德旭，苗文龙．金融排斥、金融包容与中国普惠金融制度的构建 [J]．财贸经济，2015，3：5-16.

[16] 何欢浪，铁瑛，刘啟仁．中国的银行管制放松促进了资源优化配置吗 [J]．财经研究，2019，4：83-95.

[17] 贺晓宇，沈坤荣．现代化经济体系、全要素生产率与高质量发展 [J]．上海经济研究，2018，6：25-34.

[18] 洪正，胡勇锋．中国式金融分权 [J]．经济学（季刊），2017，1：545-576.

[19] 侯涛，杜彦坤．农产品加工业项目融资可得性影响因素研究——基于工业面板数据的比较分析 [J]．经济问题，2017，4：57-64.

[20] 黄惠春，杨军．县域农村金融市场结构与农村信用社绩效关系检验——基于 GMM 动态面板模型 [J]．中国农村经济，2011，9：63-71.

[21] 黄志平．国家级贫困县的设立推动了当地经济发展吗?——基于 PSM-DID 方法的实证研究 [J]．中国农村经济，2018，5：98-111.

[22] 黄智淋，董志勇．我国金融发展与经济增长的非线性关系研究——来自动态面板数据门限模型的经验证据 [J]．金融研究，2013，7：74-86.

[23] 贾春新，夏武勇，黄张凯．银行分支机构、国有银行竞争与经济增长 [J]．管理世界，2008，2：7-14.

[24] 姜付秀，蔡文婧，蔡欣妮，等．银行竞争的微观效应：来自融资约束的经验证据 [J]．经济研究，2019，6：72-88.

[25] 姜旭，卢新海，龚梦琪．土地出让市场化、产业结构优化与城市绿色全要素生产率——基于湖北省的实证研究 [J]．中国土地科学，2019，5：50-59.

[26] 雷日辉，张亚斌，朱豪迪．金融发展、资本配置效率与工业行业出口绩效研究 [J]．经济经纬，2015，3：54-59.

[27] 李广子，熊德华，刘力．中小银行发展如何影响中小企业融资——兼析产生影响的多重中介效应 [J]．金融研究，2016（12）：78-94.

[28] 李晓龙，冉光和，郑威．金融发展、空间关联与区域创新产出 [J]．研究与发展管理，2017，29（1）：55-64.

[29] 李小三，徐鸣．关于县域经济的理论思考 [J]．江西社会科学，2000，3：84-89.

致　谢

　　攻读博士的几年时间弹指不过，这将是我在西北大学的最后时光了。回首过往，尤其是博士研究生期间，迷茫、焦虑、煎熬、辛酸与喜悦交加，细细品味个中滋味，唯有自知。然而在这一刻，内心更多的是一种慰藉。本书的选题从阅读文献开始，进而形成初稿，再到反复修改最终定稿，也许依旧不是那么完美，但这是倾尽我的能力，从现实观察出发，为县域金融体系改革与经济发展付出的努力。回首博士研究生时期，需要感谢我的母校——西北大学，它为我提供了良好的学习环境。同时应当感谢陪我一路走过来的导师、同学和家人们。

　　感谢我的导师，徐璋勇教授。徐老师对我的博士论文悉心指导，从开题论证到初稿撰写，并进行逐字逐句地批阅修改，倾注了大量的心血。徐老师学术功底深厚、细心严谨、精益求精，特别是十年如一日的勤奋自律，这些都在潜移默化影响着我。徐老师更是亦师亦友的引路人，他正直的秉性、高尚的师德操守、踏实低调的作风教会我做学问之前要先学会做人的道理，是我在未来教学研究道路上永远的榜样。同时也要感谢陈希敏教授，他是我的研究生导师，一个浪漫的经济学教授。他是我经济学研究的启蒙导师，让我体会到研究的乐趣。也是陈老师向徐璋勇教授推荐我申请他的博士，有幸能够在经济学的道路上更进一步。

　　感谢各位在课堂上给我教诲的老师们，你们的付出让我对经济学有了更为深刻的理解，你们的教诲我将牢记终生。感谢我的两位亲爱的室友，葛鹏飞博士与葛晶博士，他们对我而言，既是朋友也是老师，除了陪伴我度过博士研究生生涯，同样在科研道路上为我答疑解惑，与你们相识，是我的幸运。感谢我的博士朋友们，周伯乐博士、武宵旭博士、韩永楠博士、刘潭博士，所有博士同窗以及我的同门师兄弟、师姐妹们，有幸与诸位相识，相互学习，共筑了这段美好的博士时光。

感谢我的家人，你们的爱是我一直坚持不懈的动力。感谢我的母亲与已故的父亲，你们永远是最爱我的人，你们辛勤的双手与无私的爱无时无刻不在包容我，尊重我的每一个决定，让我无拘无束地求学，活出自己喜欢的模样。在这一刻，我深刻地缅怀我的父亲，愿您在另一个世界永远安康！感谢我的姐姐与哥哥，是你们的爱鼓励我一直前进，是你们陪伴在父母身边，让我能如此安心地在异地求学。我要慎重感谢我的夫人张俊雅，她是我的本科同学，我们从相识、相知、相爱，相伴到如今，已经十一年了。博士研究生期间，我缺乏对你的关怀和照顾，再次表示深深的歉意。感谢你的理解与支持，感谢你的照顾与陪伴，感谢你对家庭的付出，这些都使我倍感温暖，是你的理解和支持，让我在学术的道路上走得更远。同样感谢我即将出世的孩子，这是上天赐予我与夫人的最珍贵的礼物，让我在而立之年，品尝到做父亲的喜悦，体会到父亲身上的责任。再一次感谢我的夫人，再一次缅怀我的父亲！

最后，感谢这一路上所有关心和支持我的亲朋好友，太多谢意无以言表，你们的情谊是我在人生路途中不断前行的源源动力，我将铭记在心！